令 和 元 年

司 法 統 計 年 報

3 家 事 編

ANNUAL REPORT OF JUDICIAL STATISTICS

FOR

2 0 1 9

VOLUME 3 FAMILY CASES

最 高 裁 判 所 事 務 総 局

GENERAL SECRETARIAT, SUPREME COURT

序

令和元年司法統計年報家事編を刊行する。

司法統計年報は，民事・行政編，刑事編，家事編及び少年編の４編によって構成されている。

本編は，令和元年中に全国の裁判所が取り扱った家事に関する全事件についての裁判統計報告を，各種分類項目に従って集計整理し，収録したものである。

令和２年８月

最高裁判所事務総局情報政策課

<h1 style="text-align:center">目　　　　　次</h1>

4 目 次

概　　要

1　本書の構成

Ⅰ　総覧表

　　本表には，当年の報告結果を事件別，受理，既済及び未済の別に裁判所ごとに一覧できるよう総件数を掲げるとともに，各事件の累年比較の諸表を収録した。

Ⅱ　細別表

　　本表には，既済事件の集計結果を，事件の種類ごとに手続，実体両面にわたる内容について掲げてあり，（1）～（4）については，事件数の重複を避けるために移送・回付によって終局した事件は含んでいない。

　　各事件の具体的範囲については，次のとおりである。

（1）　「婚姻関係事件」とは，夫婦同居及び協力扶助，婚姻費用分担（生活費又は婚姻中の養育費を含む。），夫婦関係調整，離婚などのほか，婚姻中の夫婦間の紛争一切を対象とする（訴訟事件を除く）。

（2）　「子の監護事件」とは，家事事件手続法別表第二の3項に掲げる事項のうち，子の養育費請求，面会交流，子の引渡し，監護者の指定事件及び同法別表第二の10項に掲げる事項のうち，未成年者の扶養料の請求事件を対象とする。

（3）　「遺産分割事件」とは，家事事件手続法別表第二の12項に掲げる遺産の分割に関する事件を対象とする。

（4）　「履行勧告事件」とは，家事事件手続法289条1項，同7項及び人事訴訟法38条の履行勧告事件を，「履行命令事件」とは，家事事件手続法290条1項，同3項及び人事訴訟法39条の履行命令事件を対象とする。

（5）　「第一審訴訟」とは，「（家ホ）人事訴訟事件」及び「（家ヘ）通常訴訟事件」を対象とする。

2　本書利用上の注意

（1）　年次について断りのない表は，全て令和元年に関するものである。

（2）　各表の数値は，次の資料による。

　　昭和24，25年は各年「民事・刑事・家庭事件一覧表」

　　昭和30，35，40，45，50，55，60年，平成2年，平成7年～平成30年は各年「司法統計年報3家事編」

（3）　統計表の数値は，特に断りのない限り件数である。

（4）　各表の数値は，令和2年6月末日現在でそれまでに報告があった数値を基準に司法統計年報として取りまとめたものである。

（5）　各表の数値は，司法統計年報の刊行後，異同訂正が生じることがある。

（6）　累年表のうち，その年の新受件数に前年の未済件数を加えたものからその年の既済件数を差し引いたものが，その年の未済件数と符合しない箇所があるのは，前年の司法統計年報の刊行後に数値の異同があっ

　　たためである。

（7）　本書に使用した略語・符号

　　　家事法　家事事件手続法

　　　家審法　家事審判法

　　　－　　　該当数値のない（0件，0人）場合

　　　…　　　不詳，表示省略又は調査対象外の場合

統　計　表

第1表　家事事件の種類別新受，既済，

年次	総数			家事審判事件								
				総数			別表第一審判事件2)			別表第二審判事件3)		
	新受	既済	未済	新受	既済	未済	新受	既済	未済	新受	既済	未済
昭和 24	325 015	321 864	20 433	285 786	283 566	12 138	281 958	279 886	11 668	1 838	1 716	412
25	364 802	360 973	24 019	323 390	319 434	16 156	316 444	312 840	15 330	2 307	2 117	606
30	358 156	358 811	31 078	307 488	309 198	20 379	304 396	306 206	19 279	3 092	2 992	1 100
35	336 057	337 138	39 090	282 764	283 204	25 373	279 345	279 855	23 563	3 419	3 349	1 810
40	302 856	299 185	39 664	235 588	236 111	20 627	232 354	232 903	18 660	3 234	3 208	1 967
45	280 021	277 662	44 908	198 958	198 375	20 066	195 211	194 773	17 420	3 747	3 602	2 646
50	299 806	297 442	49 149	210 552	210 330	20 517	205 798	205 762	16 720	4 754	4 568	3 797
55	349 774	348 720	49 101	252 589	252 725	18 500	246 804	247 171	14 087	5 785	5 554	4 413
60	403 230	403 038	48 526	304 377	303 813	19 226	297 148	296 765	13 981	7 229	7 048	5 245
平成 2	342 998	340 232	58 401	245 609	244 948	22 454	238 805	238 245	16 090	6 804	6 703	6 364
7	412 031	413 570	65 577	301 133	300 425	26 330	293 707	292 910	19 416	7 426	7 515	6 914
8	426 511	423 967	68 121	311 527	310 903	26 954	303 927	303 267	20 076	7 600	7 636	6 878
9	449 164	447 666	69 619	332 009	330 526	28 437	324 001	322 614	21 463	8 008	7 912	6 974
10	487 477	485 153	71 943	363 666	362 094	30 009	355 380	353 796	23 047	8 286	8 298	6 962
11	520 971	520 260	72 654	394 912	393 858	31 063	386 460	385 457	24 050	8 452	8 401	7 013
12	560 935	555 455	78 134	429 115	425 409	34 769	419 769	415 980	27 839	9 346	9 429	6 930
13	596 478	593 819	80 793	456 611	455 400	35 980	446 612	445 756	28 695	9 999	9 644	7 285
14	638 195	633 200	85 788	490 519	487 577	38 922	479 781	476 980	31 496	10 738	10 597	7 426
15	683 716	679 338	90 166	527 522	524 632	41 812	515 426	512 511	34 411	12 096	12 121	7 401
16	699 553	695 089	94 630	533 654	533 925	41 541	520 568	520 553	34 426	13 086	13 372	7 115
17	717 769	713 135	99 264	548 834	546 579	43 796	536 004	533 233	37 197	12 830	13 346	6 599
18	742 661	743 555	98 370	572 781	573 418	43 159	559 317	559 706	36 808	13 464	13 712	6 351
19	751 499	748 561	101 308	583 426	582 746	43 839	569 132	568 653	37 287	14 294	14 093	6 552
20	766 013	763 710	103 611	596 945	594 936	45 848	581 593	579 828	39 052	15 352	15 108	6 796
21	799 572	796 733	106 450	621 316	621 800	45 364	603 999	604 546	38 505	17 317	17 254	6 859
22	815 052	815 412	106 090	633 337	636 024	42 677	614 823	618 281	35 047	18 514	17 743	7 630
23	815 523	814 876	106 737	636 757	637 817	41 617	617 022	618 313	33 756	19 735	19 504	7 861
24	857 230	853 595	110 372	672 683	670 574	43 726	650 529	649 189	35 096	22 154	21 385	8 630
25	916 397	905 062	121 707	734 227	724 594	53 359	714 196	704 099	45 193	20 031	20 495	8 166
26	910 637	910 243	122 101	730 608	730 645	53 322	710 562	710 966	44 789	20 046	19 679	8 533
27	969 925	958 660	133 366	784 088	776 091	61 319	764 361	756 519	52 631	19 727	19 572	8 688
28	1 022 765	1 023 683	132 448	835 713	838 564	58 468	816 216	818 702	50 145	19 497	19 862	8 323
29	1 050 185	1 051 736	130 897	863 884	867 602	54 750	844 667	848 357	46 455	19 217	19 245	8 295
30	1 066 333	1 060 706	136 524	883 000	879 223	58 527	863 915	860 589	49 781	19 085	18 634	8 746
令和 元年	1 091 804	1 082 412	145 916	907 800	904 753	61 574	888 615	885 680	52 716	19 185	19 073	8 858

1) 家事審判事件の件数には，昭和30年から37年6月までは職権に基づくもの全てを計上していない。昭和37年7月以降は職権によるもののうち，甲類16号事件・後見人等の解任事件（別ー5等）及び甲類21号事件・後見等監督処分事件（別ー14等）を計上している。
2) 別表第一審判事件は，昭和24年から平成24年までは家審法に基づく甲類審判事件を計上している。平成25年以降は，家審法適用の甲類審判事件は本欄に計上している。
3) 別表第二審判事件は，昭和24年から平成24年までは家審法に基づく乙類審判事件を計上している。平成25年以降は，家審法適用の乙類審判事件は本欄に計上している。
4) 別表第二調停事件は，昭和24年から平成24年までは家審法に基づく乙類調停事件を計上している。平成25年以降は，家審法適用の乙類調停事件は本欄に計上している。
5) 別表第二以外の調停事件は，昭和24年から平成24年までは家審法に基づく乙類以外の調停事件を計上している。平成25年以降は，家審法適用の乙類以外の調停事件は本欄に計上している。
6) 人事訴訟事件は，平成16年4月以降の件数である。
7) 通常訴訟事件は，平成16年3月までは家事雑事件に計上している。
8) 平成26年「国際的な子の奪取の民事上の側面に関する条約の実施に関する法律」の施行により，同年4月から計上している。
9) 家事抗告提起事件は，平成16年3月までは計上していない。
10) 民事控訴提起等事件には，飛躍上告受理申立事件及び飛躍上告提起事件を計上している。
11) 再審事件は，平成16年3月までは計上していない。平成16年4月から平成24年までは民事再審事件を計上し，平成25年以降は民事及び家事の再審事件を計上している。
12) 家事共助事件は，昭和30年までは家事雑事件に計上している。
13) 家事雑事件は，昭和25年までは家事審判事件又は家事調停事件に計上している。
14) 履行勧告事件は，昭和39年までは計上していないが，昭和40年から家事雑事件に計上している。

未済件数—全家庭裁判所

1) その他の審判事件			家 事 調 停 事 件									
			総 数			別 表 第 二 調 停 事 件 4)			別 表 第 二 以 外 の 調 停 事 件 5)			
新 受	既 済	未 済	新 受	既 済	未 済	新 受	既 済	未 済	新 受	既 済	未 済	
1 990	1 964	58	39 229	38 298	8 295	8 160	8 134	1 854	31 069	30 164	6 441	24
4 639	4 477	220	41 412	41 539	7 863	7 369	7 488	1 639	34 043	34 051	6 224	
…	…	…	43 109	42 121	10 126	8 450	8 147	2 363	34 659	33 974	7 763	
…	…	…	43 325	43 886	12 757	8 932	8 911	3 416	34 393	34 975	9 341	
…	…	…	52 528	50 437	16 239	11 160	10 726	4 573	41 368	39 711	11 666	
…	…	…	64 732	63 175	21 347	13 377	13 106	6 198	51 355	50 069	15 149	45
…	…	…	74 083	72 193	25 413	17 097	16 575	8 277	56 986	55 618	17 136	
…	…	…	83 064	81 879	27 749	21 646	21 212	10 098	61 418	60 667	17 651	
…	…	…	85 035	85 424	27 004	26 434	26 462	10 675	58 601	58 962	16 329	
…	…	…	85 099	83 011	33 953	26 889	25 920	14 489	58 210	57 091	19 464	
…	…	…	96 099	98 338	36 736	32 205	33 090	16 191	63 894	65 248	20 545	7
…	…	…	100 097	98 104	38 729	33 468	32 786	16 873	66 629	65 318	21 856	
…	…	…	102 322	102 379	38 672	34 781	34 463	17 191	67 541	67 916	21 481	
…	…	…	107 559	106 824	39 407	36 931	36 494	17 628	70 628	70 330	21 779	
…	…	…	109 263	109 660	39 010	38 503	38 751	17 380	70 760	70 909	21 630	
…	…	…	114 822	113 035	40 797	41 187	40 122	18 445	73 635	72 913	22 352	12
…	…	…	122 148	120 794	42 151	44 443	44 057	18 831	77 705	76 737	23 320	
…	…	…	128 554	126 685	44 020	48 049	47 069	19 811	80 505	79 616	24 209	
…	…	…	136 125	134 570	45 575	53 207	52 334	20 684	82 918	82 236	24 891	
…	…	…	133 227	134 388	44 414	53 745	53 586	20 843	79 482	80 802	23 571	
…	…	…	129 876	129 818	44 472	53 438	52 880	21 401	76 438	76 938	23 071	17
…	…	…	129 690	130 331	43 831	55 099	55 205	21 295	74 591	75 126	22 536	
…	…	…	130 061	128 115	45 777	55 609	54 620	22 284	74 452	73 495	23 493	
…	…	…	131 093	130 547	46 323	58 647	57 745	23 186	72 446	72 802	23 137	
…	…	…	138 240	135 384	49 179	64 448	62 309	25 325	73 792	73 075	23 854	
…	…	…	140 557	138 917	50 819	67 034	66 028	26 331	73 523	72 889	24 488	22
…	…	…	137 390	136 293	51 916	68 166	66 282	28 215	69 224	70 011	23 701	
…	…	…	141 802	139 805	53 913	73 204	71 352	30 067	68 598	68 453	23 846	
…	…	…	139 593	137 627	55 879	74 870	72 987	31 950	64 723	64 640	23 929	
…	…	…	137 207	137 258	55 828	75 972	75 041	32 881	61 235	62 217	22 947	
…	…	…	140 822	137 601	59 049	78 909	76 728	35 062	61 913	60 873	23 987	27
…	…	…	140 640	138 700	60 989	80 213	78 580	36 695	60 427	60 120	24 294	
…	…	…	139 274	137 194	63 069	81 600	79 214	39 081	57 674	57 980	23 988	
…	…	…	135 794	134 087	64 776	80 460	78 655	40 886	55 334	55 432	23 890	
…	…	…	136 358	130 517	70 617	81 793	77 604	45 075	54 565	52 913	25 542	

第1表　家事事件の種類別新受，既済，

年　次	訴　　　訟　　　事　　　件						子 の 返 還 申 立 事 件 8)			家 事 抗 告 提 起 事 件 9)		
	人 事 訴 訟 事 件 6)			通 常 訴 訟 事 件 7)								
	新 受	既 済	未 済	新 受	既 済	未 済	新 受	既 済	未 済	新 受	既 済	未 済
昭和 24	…	…	…	…	…	…	…	…	…	…	…	…
25	…	…	…	…	…	…	…	…	…	…	…	…
30	…	…	…	…	…	…	…	…	…	…	…	…
35	…	…	…	…	…	…	…	…	…	…	…	…
40	…	…	…	…	…	…	…	…	…	…	…	…
45	…	…	…	…	…	…	…	…	…	…	…	…
50	…	…	…	…	…	…	…	…	…	…	…	…
55	…	…	…	…	…	…	…	…	…	…	…	…
60	…	…	…	…	…	…	…	…	…	…	…	…
平成 2	…	…	…	…	…	…	…	…	…	…	…	…
7	…	…	…	…	…	…	…	…	…	…	…	…
8	…	…	…	…	…	…	…	…	…	…	…	…
9	…	…	…	…	…	…	…	…	…	…	…	…
10	…	…	…	…	…	…	…	…	…	…	…	…
11	…	…	…	…	…	…	…	…	…	…	…	…
12	…	…	…	…	…	…	…	…	…	…	…	…
13	…	…	…	…	…	…	…	…	…	…	…	…
14	…	…	…	…	…	…	…	…	…	…	…	…
15	…	…	…	…	…	…	…	…	…	…	…	…
16	8 082	2 528	5 554	130	33	97	…	…	…	1 320	1 176	144
17	11 423	8 902	8 075	225	183	139	…	…	…	1 984	2 011	117
18	11 012	10 706	8 381	202	194	147	…	…	…	1 979	1 983	113
19	11 342	11 037	8 686	209	197	159	…	…	…	2 176	2 139	150
20	10 718	10 861	8 543	232	238	153	…	…	…	2 382	2 419	113
21	10 817	10 547	8 813	249	222	180	…	…	…	2 811	2 717	207
22	11 373	10 816	9 370	248	231	197	…	…	…	2 905	2 908	204
23	11 389	10 583	10 176	258	248	207	…	…	…	3 180	3 165	219
24	11 409	11 840	9 745	292	295	204	…	…	…	3 498	3 490	227
25	10 594	10 873	9 466	243	255	192	…	…	…	3 703	3 659	271
26	10 527	10 231	9 762	238	246	184	9	2	7	3 401	3 388	284
27	10 338	10 362	9 738	265	257	192	26	28	5	3 561	3 637	208
28	10 004	9 949	9 793	266	263	195	25	25	5	3 716	3 717	207
29	9 827	9 973	9 647	277	265	207	12	15	2	3 719	3 700	226
30	9 272	9 474	9 445	245	254	198	27	25	4	3 570	3 588	208
令和 元年	9 042	8 827	9 660	236	234	200	16	19	1	3 520	3 512	216

未済件数―全家庭裁判所（続き）

民事控訴提起等事件 10)			再審事件 11)			保全命令事件			家事共助事件 12)			家事雑事件 13)14)			
新受	既済	未済	新受	既済	未済	新受	既済	未済	新受	既済	未済	新受	既済	未済	
...	...	...	...	...	...	...	...	...	...	...	...	...	...	...	24
...	...	...	...	...	...	...	...	...	...	...	...	...	...	...	
...	...	...	...	...	...	...	...	...	...	...	...	7 559	7 492	573	
...	...	...	...	...	...	...	...	...	7 823	7 828	659	2 145	2 220	301	
...	...	...	...	...	...	...	...	...	5 991	5 948	562	8 749	6 689	2 236	
...	...	...	...	...	...	...	...	...	5 959	5 882	686	10 372	10 230	2 809	45
...	...	...	...	...	...	...	...	...	5 211	5 165	636	9 960	9 754	2 583	
...	...	...	...	...	...	...	...	...	3 858	3 850	479	10 263	10 266	2 373	
...	...	...	...	...	...	...	...	...	2 895	2 921	291	10 923	10 880	2 005	
...	...	...	...	...	...	...	...	...	2 416	2 467	227	9 874	9 806	1 767	
...	...	...	...	...	...	...	...	...	1 504	1 519	185	13 295	13 288	2 326	7
...	...	...	...	...	...	...	...	...	1 183	1 255	113	13 704	13 705	2 325	
...	...	...	...	...	...	...	...	...	1 003	1 015	101	13 830	13 746	2 409	
...	...	...	...	...	...	...	...	...	779	763	117	15 473	15 472	2 410	
...	...	...	...	...	...	...	...	...	771	789	99	16 025	15 953	2 482	
...	...	...	...	...	...	...	...	...	689	683	105	16 309	16 328	2 463	12
...	...	...	...	...	...	...	...	...	546	562	89	17 173	17 063	2 573	
...	...	...	...	...	...	...	...	...	471	467	93	18 651	18 471	2 753	
...	...	...	...	...	...	...	...	...	346	367	72	19 723	19 769	2 707	
63	49	14	6	3	3	574	561	13	234	238	68	22 263	22 188	2 782	
860	760	114	26	21	8	781	778	16	235	273	30	23 525	23 810	2 497	17
1 356	1 368	102	11	14	5	754	759	11	185	197	18	24 691	24 585	2 603	
1 387	1 399	90	30	26	9	928	918	21	153	156	15	21 787	21 828	2 562	
1 345	1 350	85	21	26	4	865	869	17	128	128	15	22 284	22 336	2 510	
1 418	1 405	98	31	22	13	827	825	19	115	117	13	23 748	23 694	2 564	
1 380	1 347	131	9	20	2	795	782	32	105	109	9	24 343	24 258	2 649	22
1 439	1 421	149	38	21	19	842	849	25	117	111	15	24 113	24 368	2 394	
1 610	1 616	143	24	30	13	862	860	27	92	96	11	24 958	24 989	2 363	
1 575	1 591	127	22	17	18	825	836	16	158	144	25	25 457	25 466	2 354	
1 441	1 417	151	25	39	4	714	699	31	698	573	150	25 769	25 745	2 378	
1 475	1 523	103	28	14	18	700	709	22	2 074	1 938	286	26 548	26 500	2 426	27
1 322	1 341	84	9	21	6	619	609	32	3 548	3 332	502	26 903	27 162	2 167	
1 358	1 346	96	15	14	7	545	559	18	5 567	5 353	716	25 707	25 715	2 159	
1 287	1 293	90	25	21	11	507	501	24	7 341	7 084	973	25 265	25 156	2 268	
1 279	1 284	85	21	23	9	508	509	23	9 137	8 827	1 283	23 887	23 907	2 248	

第2表　家事審判・調停事件の事件別

事件 1)	昭和24年	30 2)	40 3)	50 4)	60	平成7年
審　判　事　件　総　数	285 786	307 488	235 588	210 552	304 377	301 133
別　表　第　一　審　判　事　件	281 958	304 396	232 354	205 798	297 148	293 707
後見開始の審判及びその取消し（別一1等）5)	148	294	508	611	937	2 008
保佐開始の審判・取消しなど（別一17等）5)	433	738	445	462	526	691
補助開始の審判・取消しなど（別一36等）6)	…	…	…	…	…	…
後見人等の選任（別一3等）5)	15 775	24 438	11 103	5 720	5 548	5 518
離縁後の未成年後見人の選任（別一70）5) 7)	…	…	28	24	33	9
後見人等の辞任（別一4等）5)	123	261	184	163	159	143
後見人等の解任（別一5等）5) 8)	59	111	56	36	57	53
後見人の財産目録の作成の期間の伸長（別一9等）9)	4	1	-	2	6	5
後見人等の権限行使についての定め及びその取消し（別一10等）	…	…	…	…	…	…
居住用不動産の処分についての許可（別一11等）6)	…	…	…	…	…	…
特別代理人の選任（利益相反行為）（別一12等）5)	5 931	25 060	16 101	10 523	16 105	14 362
郵便物等の配達の嘱託など（別一12の2）10)	…	…	…	…	…	…
後見人等に対する報酬の付与（別一13等）5)	1	5	8	11	37	80
後見等監督処分（別一14等）5) 11)	3	8	602	482	423	1 249
第三者が子等に与えた財産の管理者選任等（別一15等）	82	56	118	3	-	1
後見終了に伴う管理計算の期間の伸長（別一16等）	9	1	1	1	-	-
成年被後見人死亡後の事務（別一16の2）10)	…	…	…	…	…	…
臨時保佐人等の選任（利益相反行為）（別一25等）5)	2	10	15	6	9	21
不在者の財産の管理に関する処分（別一55）	74	312	1 174	2 617	3 879	5 950
失踪の宣告及びその取消し（別一56等）	1 433	1 792	2 890	3 013	2 280	2 447
夫婦の財産管理者変更・共有財産の分割（別一58）12)	…	…	…	…	…	…
特別代理人の選任（嫡出否認）（別一59）	1 081	196	10	19	5	3
子の氏の変更についての許可（別一60）	40 887	44 501	40 779	69 907	137 132	132 798
養子をするについての許可（別一61）	44 699	28 530	16 157	6 772	3 244	1 603
離縁をするについての許可（別一62）	1 814	1 629	1 616	1 442	1 618	2 317
特別養子縁組の成立及びその離縁に関する処分（別一63等）13)	…	…	…	…	…	558
親権喪失，親権停止又は管理権喪失の審判及びその取消し（別一67等）14)	258	395	136	102	74	66
親権・管理権の辞任・回復（別一69）	378	1 452	141	49	43	19
扶養義務の設定及びその取消し（別一84等）15)	…	…	…	…	…	…
推定相続人の廃除及びその取消し（別一86等）16)	…	…	…	…	…	…
推定相続人廃除等に伴う遺産の管理に関する処分（別一88）	35	-	2	2	7	4
相続の承認又は放棄の期間の伸長（別一89）	2 405	3 846	1 839	828	835	1 569
相続財産の保存又は管理に関する処分（別一90）	13	18	32	20	163	139
相続の限定承認又は放棄の取消し（別一91）17)	…	…	48	67	34	19
相続の限定承認の申述受理（別一92）	181	587	353	237	451	658
鑑定人の選任（別一93等）	5	13	26	18	39	37
相続の放棄の申述の受理（別一95）	148 192	142 289	110 242	48 981	46 227	62 603
相続財産の分離に関する処分（別一96）	569	-	5	-	7	1
相続財産管理に関する処分（財産分離）（別一97）	18	14	44	-	1	2
相続財産管理人選任等（相続人不分明）（別一99）	56	320	910	1 822	2 567	4 696
特別縁故者への相続財産の分与（別一101）7)	…	…	189	358	369	515
遺言の確認（別一102）	147	141	133	95	110	110
遺言書の検認（別一103）	367	640	971	1 870	3 301	8 065
遺言執行者の選任（別一104）	133	225	397	767	887	1 235
遺言執行者に対する報酬の付与（別一105）	-	4	8	18	45	85
遺言執行者の解任及び辞任（別一106等）	11	10	25	43	50	86
遺言の取消し（別一108）	1	-	4	2	-	-
遺留分の放棄についての許可（別一110）	364	433	759	1 035	1 271	1 554
任意後見契約に関する法律関係（別一111等）6)	…	…	…	…	…	…
戸籍法による氏の変更についての許可（別一122）	1 797	1 035	1 057	924	3 889	7 422
戸籍法による名の変更についての許可（別一122）	9 276	10 492	12 143	10 410	9 362	8 162
就籍についての許可（別一123）	623	7 456	1 005	415	272	195
戸籍の訂正についての許可（別一124）	4 454	6 224	4 550	2 959	2 081	1 432
戸籍事件についての処分に対する不服（別一125）	6	3	2	13	9	9
性同一性障害者の性別の取扱いの特例に関する法律3条1項の事件（別一126）18)						
児童福祉法28条1項の事件（別一127）19)	…	6	9	22	12	36
児童福祉法28条2項の事件（別一128）20)						
引き続いての一時保護の承認（別一128の2）46)						
生活保護法30条3項の事件（別一129）21)	…	-	6	1	-	-
心神喪失等の状態で重大な他害行為を行った者の医療及び観察等に関する法律23条の2第2項の事件（別一130）21) 22)	…	297	5 429	32 897	53 012	25 154
破産法61条の事件（別一131等）23)	…	-	-	-	-	-
破産法238条の事件（別一133）24)	…	-	-	-	-	-
中小企業における経営の承継の円滑化に関する法律8条1項の事件（別一134）25)						
子の懲戒に関する許可その他の処分（家審法甲9）26)	17	1	-	-	-	-
禁治産者の入院等についての許可（家審法旧甲19）27)	1	1	4	23	32	18
相続財産の管理人の選任（家審法甲28）28)	93	-	-	-	-	-
戸籍届出の委託確認（家審法甲）29)	…	474	90	5	-	-

1) 昭和24年から平成24年の数値及び平成25年以降の家審法適用事件の数値は，家審法に対応する家事法上の分類及び事件名に計上している。ただし，事件名末尾に「(家審法〜)」とあるものを除く（本表以降の表の数値についても同様である。）。

2) 「別表第一審判事件」のうち，その他77件，「別表第二審判事件」のうち，その他7件，「別表第二調停事件」のうち，その他の乙類事件306件を計上している。

3) 「別表第二審判事件」のうち，民法の附則に掲げる事項1件を計上している。

4) 「別表第一審判事件」のうち，民法の附則に掲げる事項1件，「別表第二審判事件」のうち，民法の附則に掲げる事項1件を計上している。

5) 平成12年4月以降の事件名であり，平成12年については，4月以降の数値に対応する事件名の3月までの数値を合計したものを計上している。

6) 平成12年4月から計上している。

7) 昭和37年「民法の一部を改正する法律」及び「家事審判規則の一部を改正する規則」の施行により，同年7月から計上している。

8) 昭和30〜37年6月は，職権に基づくものを計上していない。

9) 平成19年までは「後見人の財産目録の調製の期間の伸長」と称していた。

10) 平成28年10月から計上している。

新受件数―全家庭裁判所

17	24	25	26	27	28	29	30	令和元年
548 834	672 683	734 227	730 608	784 088	835 713	863 884	883 000	907 800
536 004	650 529	714 196	710 562	764 361	816 216	844 667	863 915	888 615
17 185	28 600	28 208	27 687	27 708	26 971	27 918	28 107	26 575
4 421	9 835	10 531	11 288	11 904	12 373	13 361	14 442	15 514
2 548	3 711	3 806	3 998	4 003	3 943	4 098	4 458	5 658
4 061	8 898	10 846	14 932	19 970	16 046	12 278	10 370	9 618
9	8	11	10	19	7	7	5	3
709	2 577	3 714	6 342	10 920	11 935	9 135	7 264	6 456
294	883	971	1 095	876	658	571	496	468
60	186	246	249	270	275	187	188	183
275	2 166	3 729	7 031	11 057	10 322	7 391	5 824	4 463
1 747	5 851	6 589	6 700	7 169	7 511	7 759	7 859	8 449
12 078	11 699	11 039	10 617	9 534	9 163	9 181	9 322	9 017
…	…	…	…	…	333	1 439	1 535	1 446
5 260	45 091	58 918	76 420	101 088	123 599	137 722	146 984	157 018
32 004	43 448	81 995	93 657	109 253	141 222	153 253	162 085	166 928
1	–	3	–	2	–	8	–	1
12	32	46	62	58	63	63	50	56
…	…	…	…	…	351	1 857	2 197	2 513
97	170	167	174	129	124	127	162	112
9 630	8 358	8 194	8 604	7 841	8 138	8 096	7 863	7 405
2 488	2 568	2 798	2 519	2 596	2 323	2 465	2 315	2 108
	…	1						
–	…	8	5	2	–	1	–	–
188 995	175 597	173 624	165 898	169 346	161 460	158 273	153 834	152 631
1 558	1 132	1 061	1 080	1 051	1 075	907	941	1 004
2 758	2 498	2 455	2 365	2 393	2 184	2 270	2 220	2 366
382	508	596	625	621	661	720	783	816
139	239	315	274	267	316	373	399	374
25	25	32	17	15	35	12	37	29
…	…	1 171	348	101	82	50	54	48
…	…	227	239	199	209	228	198	197
8	8	1	2	2	1	1	2	2
4 095	6 694	6 839	7 028	7 399	7 210	7 180	7 511	7 589
88	124	161	247	342	451	499	568	643
79	105	106	126	86	68	78	92	64
995	833	830	770	759	753	722	709	657
86	76	80	82	77	66	55	76	92
149 375	169 300	172 935	182 082	189 296	197 656	205 909	215 320	225 415
5	2	3	4	2	3	2	2	1
10	2	2	2	2	2	1	–	–
10 736	16 751	17 869	18 448	18 618	19 810	21 130	21 121	21 751
822	1 128	1 097	1 136	1 043	1 069	1 096	1 196	1 040
89	119	136	146	144	116	127	123	144
12 347	16 014	16 708	16 843	16 888	17 205	17 394	17 487	18 625
1 702	2 426	2 509	2 527	2 530	2 539	2 560	2 384	2 531
140	432	418	449	425	485	540	527	517
107	204	131	184	188	155	174	167	144
5	11	3	5	6	7	4	6	8
1 052	1 036	1 154	1 181	1 176	1 180	1 015	950	911
551	2 085	2 547	2 865	3 428	3 895	4 333	4 511	4 617
14 338	15 212	14 869	14 219	14 002	13 316	13 232	12 341	12 669
8 301	7 465	7 054	6 720	7 062	6 341	6 294	5 986	6 524
153	190	209	156	160	143	181	147	140
1 200	992	908	936	887	837	855	782	804
27	45	41	17	20	19	14	12	12
243	742	786	831	877	902	924	860	953
184	300	276	279	254	269	288	372	493
43	123	130	143	150	160	133	162	103
…	…	…	…	…	…	…	346	539
–								
42 485	54 012	55 086	10 872	107	128	128	127	96
–								–
1	9	8	10	16	21	15	18	17
…	9	11	16	23	30	33	18	58
1	…	…	…	…	…	…	…	…
…	…	…	…	…	…	…	…	…
…	…	…	…	…	…	…	…	…

11) 昭和30〜37年6月は，職権に基づくものを計上していない。昭和32年までは「後見の事務の報告，財産目録の提出，後見の事務又は財産の状況の調査，財産の管理その他の後見の事務に関する処分」と，昭和33〜38年は「被後見人の財産の管理その他の後見の事務に関する処分」と，昭和39〜平成11年は「後見監督処分」と称していた。

12) 平成25年1月から計上している。ただし，家審法適用事件は「夫婦の財産管理者変更・共有財産の分割(家審法乙2)」に計上している。

13) 昭和62年「民法等の一部を改正する法律」の施行により，昭和63年1月から計上している。

14) 平成24年「民法等の一部を改正する法律」の施行により，同年4月から「親権停止の審判及びその取消し」を計上している。また，平成23年までは「親権・管理権の喪失の宣告・取消し」と称していた。

15) 平成25年1月から計上している。ただし，家審法適用事件は「扶養に関する処分(別二9等)」に計上している。

16) 平成25年1月から計上している。ただし，家審法適用事件は「推定相続人の廃除及びその取消し(家審法乙9)」に計上している。

17) 昭和37年6月までは「相続の限定承認の申述受理(別一92)」又は「相続の放棄の申述の受理(別一95)」に計上しているが，同年7月以降は本欄に計上している。

18) 平成16年7月から計上している。

第2表　家事審判・調停事件の事件別

事件 1)	昭和24年	30 2)	40 3)	50 4)	60	平成7年
別　表　第　二　審　判　事　件	1 838	3 092	3 234	4 754	7 229	7 426
夫婦の同居・協力扶助(別二1)	44	104	107	88	31	28
婚姻費用の分担(別二2)	-	6	172	285	435	782
子の監護者の指定その他の処分(別二3)	44	16	34	267	874	1 319
財産の分与に関する処分(別二4)	79	57	58	122	182	289
祭祀の承継者の指定(別二5等)	11	12	12	32	52	68
離縁後の親権者の指定(別二7) 7)	...	...	2	...	2	6
親権者の指定又は変更(別二8)	731	1 828	1 698	2 124	2 991	1 980
扶養に関する処分(別二9等) 30)	476	358	364	892	1 339	664
遺産の分割に関する処分など(別二12等) 31)	251	475	681	834	1 035	1 563
寄与分を定める処分(別二14) 32)	...	...	...	...	168	590
特別の寄与に関する処分(別二15) 47)	...	...	...	...	...	...
請求すべき按分割合に関する処分(別二16) 33)	...	...	...	...	...	...
生活保護法77条2項の事件(別二17) 21)	...	1	-	-	-	-
夫婦の財産管理者変更・共有財産の分割 (家審法乙2) 34)	2	-	1	-	-	-
推定相続人の廃除及びその取消し(家審法乙9) 35)	200	228	104	109	120	137
破産法61条の事件(家審法乙) 36) 37)	-	-	-	-	-	-
そ　　　の　　　他　　　の　　　事　　　件	1 990					
調　停　事　件　総　数	39 229	43 109	52 528	74 083	85 035	96 099
別　表　第　二　調　停　事　件	8 160	8 450	11 160	17 097	26 434	32 205
夫婦の同居・協力扶助(別二1)	2 166	1 990	1 252	536	207	164
婚姻費用の分担(別二2)	114	23	836	1 339	1 739	3 274
子の監護者の指定その他の処分(別二3)	510	53	242	2 016	7 855	10 300
財産の分与に関する処分(別二4)	1 946	482	270	504	804	1 080
祭祀の承継者の指定(別二5等)	12	14	21	35	73	123
離縁後の親権者の指定(別二7) 7)	...	...	3	-	2	-
親権者の指定又は変更(別二8)	314	1 188	2 698	5 196	8 457	7 388
扶養に関する処分(別二9等)	1 970	2 026	2 290	2 982	1 905	1 014
遺産の分割に関する処分など(別二12等)	853	2 186	3 439	4 395	5 141	8 165
寄与分を定める処分(別二14) 32)	...	...	...	...	154	605
特別の寄与に関する処分(別二15) 47)	...	...	...	...	...	...
請求すべき按分割合に関する処分(別二16) 33)	...	...	...	...	...	...
生活保護法77条2項の事件(別二17) 38)	...	1	-	-	-	-
夫婦の財産管理者変更・共有財産の分割 (家審法乙2) 39)	108	4	7	8	-	-
推定相続人の廃除及びその取消し(家審法乙9) 39)	152	177	102	86	97	92
破産法61条の事件(家審法乙) 39) 40)	...	-	-	-	-	-
家事審判法附則に掲げる事項	15					
別　表　第　二　以　外　の　調　停　事　件	31 069	34 659	41 368	56 986	58 601	63 894
婚姻中の夫婦間の事件 41)	11 818	13 961	22 735	39 578	43 853	47 721
婚姻外の男女間の事件 42)	4 902	5 379	3 719	2 614	1 438	1 189
離婚その他男女関係解消に基づく慰謝料 43)	...	...	1 991	2 092	1 587	2 005
親族間の紛争 44)	...	...	4 042	3 446	2 577	3 035
合意に相当する審判事項 45)	2 515	3 966	4 811	5 311	4 373	4 234
離縁	1 348	1 303	1 075	1 230	1 381	1 145
その他	10 486	10 050	2 995	2 715	3 392	4 565

19) 昭和26年までは「その他の事件」に計上している。平成16年までの児童福祉法28条の事件は本欄に計上している。
20) 平成17年4月から計上している。
21) 昭和25年5月から法律施行により計上しているが、昭和25年は「その他の事件」に計上している。
22) 平成26年3月までは精神保健及び精神障害者福祉に関する法律20条2項の事件を計上していた。同法は、昭和63年7月から「精神衛生法」が「精神保健法」と、さらに、平成7年7月1日から「精神保健及び精神障害者福祉に関する法律」と改題名された。
23) 昭和26年までは「その他の事件」に計上している。平成16年までの破産法68条及び345条の事件は本欄に計上している。
24) 平成17年1月から計上している。
25) 平成21年3月から計上している。
26) 平成24年以降は計上していない。
27) 平成13年以降は計上していない。
28) 全て職権に基づくものであり、昭和30年以降は計上していない。
29) 昭和27年までは「その他の事件」に計上している。平成25年以降は計上していない。
30) 平成25年以降の「扶養義務の設定及びその取消し」は「扶養義務の設定及びその取消し(別一84等)」に計上している。
31) 平成25年から「遺産分割禁止の審判の取消し及びその変更」を計上している。また、平成24年までは「遺産の分割に関する処分」と称していた。
32) 昭和55年「民法及び家事審判法の一部を改正する法律」の施行により、昭和56年1月から計上している。
33) 平成19年4月から計上している。
34) 平成25年から「夫婦の財産管理者変更・共有財産の分割(別一58)」に計上している。
35) 平成25年から「推定相続人の廃除及びその取消し(別一86等)」に計上している。ただし、家審法適用事件は本欄に計上している。
36) 昭和26年までは「その他の事件」に計上している。平成16年までの破産法68条の事件は本欄に計上している。
37) 平成25年から「破産法61条の事件(別一131等)」に計上している。
38) 昭和25年5月から法律の施行により計上しているが、昭和25,26年は「その他」に計上している。
39) 平成25年以降は計上していない。ただし、家審法適用事件を除く。
40) 昭和26年までは「その他」に計上している。平成16年までの破産法68条の事件は本欄に計上している。
41) 昭和37年までは「離婚」と称していた。
42) 昭和27年までは「婚姻予約不履行に基づく慰謝料」と、昭和28～36年は「婚姻予約(内縁)に関するもの」と称していた（いずれも婚姻外の男女関係の紛争及びその解消に基づく慰謝料の双方の事件を計上している。）。

新受件数―全家庭裁判所（続き）

17	24	25	26	27	28	29	30	令和元年
12 830	22 154	20 031	20 046	19 727	19 497	19 217	19 085	19 185
36	79	64	54	43	51	52	41	37
1 687	3 310	3 421	3 476	3 515	3 343	3 207	3 138	3 074
4 158	8 823	8 675	9 042	9 216	9 346	9 228	9 483	9 527
338	413	387	400	397	399	381	385	390
117	123	110	122	90	94	92	89	80
4	5	3	5	2	1	5	3	1
2 599	2 460	2 169	2 042	1 971	1 903	1 856	1 597	1 631
1 199	1 479	228	168	156	151	141	149	140
1 869	2 586	2 317	2 155	2 012	1 895	1 973	1 967	2 041
656	736	668	671	528	471	478	490	484
...	...	...	...	...	...	...	...	1
...	1 945	1 984	1 911	1 797	1 843	1 804	1 743	1 779
–	2	...	...	...	...	...	...	...
167	193	5	–	–	–	–	–	...
–	–	...	...	...	...	...	...	...
...	...	...	...	...	...	...	...	...
129 876	141 802	139 593	137 207	140 822	140 640	139 274	135 793	136 358
53 438	73 204	74 870	75 972	78 909	80 213	81 600	80 458	81 793
163	193	166	110	102	123	111	80	75
8 797	16 544	17 832	18 570	20 276	21 383	21 761	21 666	22 619
21 570	31 421	32 208	32 565	34 250	34 811	35 216	34 866	35 250
1 177	1 558	1 605	1 632	1 701	1 666	1 761	1 725	1 809
157	194	186	187	195	160	170	171	178
5	2	8	4	–	1	–	–	–
9 755	7 669	7 306	7 194	6 782	6 710	6 145	5 908	5 930
758	582	612	549	559	550	527	497	490
10 130	12 697	12 878	13 101	12 980	12 766	14 044	13 739	13 801
797	847	750	745	691	692	647	705	574
...	...	...	...	...	...	...	...	4
...	1 412	1 311	1 313	1 373	1 351	1 217	1 103	1 063
–	–	–	1	–	–	1	–	–
5	1	–	–	–	–	–	–	...
124	84	8	1	–	–	–	–	...
–	–	...	...	...	...	...	...	...
...	...	...	...	...	...	...	...	...
76 438	68 598	64 723	61 235	61 913	60 427	57 674	55 335	54 565
57 818	53 427	50 581	47 685	48 764	47 717	45 777	44 048	43 492
929	455	398	318	313	227	250	201	175
2 923	879	784	706	656	613	588	466	437
3 272	2 828	2 527	2 384	2 429	2 234	2 082	2 011	2 068
4 914	4 270	4 146	4 029	3 828	3 763	3 457	3 447	3 280
1 282	1 284	1 208	1 245	1 170	1 245	1 122	1 071	1 127
5 300	5 455	5 079	4 868	4 753	4 628	4 398	4 090	3 986

43) 離婚に基づく慰謝料事件は，昭和 36 年までは「その他」に計上し，婚姻外の男女関係解消に基づく慰謝料事件は，昭和 36 年までは「婚姻外の男女間の事件」に計上している。
44) 昭和 36 年までは「その他」に計上している。
45) 平成 24 年までは「家審法 23 条に掲げる事項」と称していた。
46) 平成 30 年 4 月から計上している。
47) 令和元年 7 月から計上している。

第3表　家事審判事件の受理，既済，未済

事　件	受理 総数	旧受	新受 総数	書面申立による	準口頭申立による
総　　数	966 327	58 527	907 800	884 839	361
別表第一審判事件総数	938 396	49 781	888 615	874 949	361
後見開始の審判及びその取消し(別-1等)	29 713	3 138	26 575	26 422	1
保佐開始の審判・取消しなど(別-17等)	17 890	2 376	15 514	15 407	8
補助開始の審判・取消しなど(別-36等)	6 332	674	5 658	5 618	2
後見人等の選任(別-3等)	10 642	1 024	9 618	5 776	7
うち成年後見人の選任(別-3)	4 969	341	4 628	…	
うち成年後見監督人の選任(別-6)	1 540	56	1 484	…	
うち保佐人の選任(別-22)	946	111	835	…	
うち保佐監督人の選任(別-26)	524	49	475	…	
うち補助人の選任(別-41)	269	36	233	…	
うち補助監督人の選任(別-45)	130	10	120	…	
うち未成年後見人の選任(別-71)	2 143	414	1 729	…	
うち未成年後見監督人の選任(別-74)	121	7	114	…	
離縁後の未成年後見人の選任(別-70)	4	1	3	3	-
後見人等の辞任(別-4等)	6 903	447	6 456	6 348	8
後見人等の解任(別-5等)	589	121	468	467	
うち職権によるもの2)	223	35	188	…	
後見人の財産目録の作成の期間の伸長(別-9等)	188	5	183	180	
後見人等の権限行使についての定め及びその取消し(別-10等)	4 553	90	4 463	225	
居住用不動産の処分についての許可(別-11等)	8 684	235	8 449	8 395	12
特別代理人の選任(利益相反行為)(別-12等)	9 827	810	9 017	8 967	2
郵便物等の配達の嘱託(別-12の2)	1 460	36	1 424	1 414	6
郵便物等の配達の嘱託取消等(別-12の2)	23	1	22	19	
うち職権によるもの	2	-	2		
後見人等に対する報酬の付与(別-13等)	161 657	4 639	157 018	155 981	217
後見等監督処分(別-14等)	180 998	14 070	166 928	166 440	-
うち職権によるもの2)	180 712	14 042	166 670	…	
第三者が子等に与えた財産の管理者選任等(別-15等)	1	-	1	1	
後見終了に伴う管理計算の期間の伸長(別-16等)	58	2	56	56	
成年被後見人死亡後の事務(別-16の2)	2 531	18	2 513	2 496	4
臨時保佐人等の選任(利益相反行為)(別-25等)	130	18	112	112	
不在者の財産の管理に関する処分(別-55)	8 190	785	7 405	7 085	2
失踪の宣告及びその取消し(別-56等)	3 372	1 264	2 108	2 063	
夫婦の財産管理者変更・共有財産の分割(別-58)	…	-	…		
特別代理人の選任(嫡出否認)(別-59)	…	-	…		
子の氏の変更についての許可(別-60)	153 829	1 198	152 631	152 472	58
養子をするについての許可(別-61)	1 280	276	1 004	997	
離縁をするについての許可(別-62)	2 493	127	2 366	2 353	
特別養子縁組の成立及びその離縁に関する処分(別-63等)	1 231	415	816	813	
うち離縁に関する処分(別-64)	…	-	…		
親権喪失，親権停止又は管理権喪失の審判及びその取消し(別-67等)	527	153	374	359	
うち親権喪失の審判(別-67)	174	65	109		
うち親権停止の審判(別-67)	337	85	252		
うち管理権喪失の審判(別-67)	9	2	7		
親権・管理権の辞任・回復(別-69)	44	15	29	28	
扶養義務の設定及びその取消し(別-84等)	54	6	48	47	
推定相続人の廃除及びその取消し(別-86等)	320	123	197	192	
推定相続人廃除等に伴う遺産の管理に関する処分(別-88)	2	-	2	2	

1)　うち参与員の関与した既済件数 35,922件
2)　「認容」については，裁判官の「調査終了」又は「処分行為完了」の旨の認定により事件が終結したものを，「取下げ」については，裁判官の「解任しない」又は「処分しない」旨の認定により事件が終結したものをそれぞれ計上している。

手続別事件別件数—全家庭裁判所

受		既 済					未
調停係属から	その他	総数	認容	却下	取下げ	その他	未済
8 783	13 817	904 753 1)	874 728	4 891	16 085	9 049	61 574
...	13 305	885 680	865 676	2 650	12 860	4 494	52 716
...	152	26 528	25 345	101	399	683	3 185
...	99	15 286	13 956	91	970	269	2 604
...	38	5 407	4 957	35	330	85	925
...	3 835	9 685	9 169	60	249	207	957
...	...	4 632	4 431	35	79	87	337
...	...	1 501	1 454	1	14	32	39
...	...	811	738	11	35	27	135
...	...	494	457	2	13	22	30
...	...	238	219	1	7	11	31
...	...	126	121	–	1	4	4
...	...	1 767	1 636	10	98	23	376
...	...	116	113	–	2	1	5
...	–	3	3	–	–	–	1
...	100	6 420	6 175	12	121	112	483
...	1	455	119	195	105	36	134
...	...	178	108	...	49	21	45
...	3	186	179	–	6	1	2
...	4 238	4 484	4 243	–	9	232	69
...	42	8 473	8 058	5	370	40	211
...	48	9 018	8 615	16	343	44	809
...	4	1 426	1 274	1	145	6	34
...	3	20	17	–	2	1	3
...	...	2	1	...	–	1	–
...	820	156 923	156 442	211	210	60	4 734
...	488	167 243	166 718	7	17	501	13 755
...	...	166 981	166 468	...	14	499	13 731
...	–	1	1	–	–	–	–
...	–	57	53	–	4	–	1
...	13	2 507	2 427	4	76	–	24
...	–	125	115	–	8	2	5
...	318	7 457	6 522	19	623	293	733
...	45	2 134	1 722	31	334	47	1 238
...	–	–	–	–	–	–	–
...	–	–	–	–	–	–	–
...	101	152 628	152 234	39	267	88	1 201
...	7	986	677	21	276	12	294
...	13	2 329	2 243	12	58	16	164
...	3	833	711	25	93	4	398
...	...	–	–	–	–	–	–
...	15	369	130	63	160	16	158
...	...	134	39	13	74	8	40
...	...	223	89	17	81	6	114
...	...	7	–	3	2	2	2
...	1	40	30	–	8	2	4
...	1	49	34	5	9	1	5
...	5	208	30	101	66	11	112
...	–	2	1	–	–	1	–

第3表　家事審判事件の受理，既済，未済

事件	受理				
	総数	旧受	新 総数	申立 書面によるて	申立 準口頭によるて
相 続 の 承 認 又 は 放 棄 の 期 間 の 伸 長 (別一89)	7 981	392	7 589	7 522	-
相 続 財 産 の 保 存 又 は 管 理 に 関 す る 処 分 (別一90)	685	42	643	639	-
相 続 の 限 定 承 認 又 は 放 棄 の 取 消 し (別一91)	79	15	64	64	-
相 続 の 限 定 承 認 の 申 述 受 理 (別一92)	728	71	657	654	-
鑑 定 人 の 選 任 (別一93等)	99	7	92	92	-
相 続 の 放 棄 の 申 述 の 受 理 (別一95)	236 565	11 150	225 415	224 283	13
相 続 財 産 の 分 離 に 関 す る 処 分 (別一96)	2	1	1	1	-
相 続 財 産 管 理 に 関 す る 処 分 （ 財 産 分 離 ） (別一97)	-	-			
相 続 財 産 管 理 人 選 任 等 （ 相 続 人 不 分 明 ） (別一99)	23 205	1 454	21 751	21 489	5
特 別 縁 故 者 へ の 相 続 財 産 の 分 与 (別一101)	1 676	636	1 040	1 029	1
遺 言 の 確 認 (別一102)	169	25	144	144	-
遺 言 書 の 検 認 (別一103)	20 211	1 586	18 625	18 570	-
遺 言 執 行 者 の 選 任 (別一104)	2 698	167	2 531	2 526	-
遺 言 執 行 者 に 対 す る 報 酬 の 付 与 (別一105)	543	26	517	515	-
遺 言 執 行 者 の 解 任 及 び 辞 任 (別一106等)	174	30	144	142	-
遺 言 の 取 消 し (別一108)	15	7	8	8	-
遺 留 分 の 放 棄 に つ い て の 許 可 (別一110)	996	85	911	907	-
任 意 後 見 契 約 に 関 す る 法 律 関 係 (別一111等)	4 954	337	4 617	3 318	3
う ち 任 意 後 見 監 督 人 の 選 任 (別一111等)	893	124	769	…	…
う ち 任 意 後 見 監 督 処 分 (別一115)	1 417	114	1 303	…	…
う ち 任 意 後 見 監 督 人 の 辞 任 (別一116)	20	4	16	…	…
う ち 任 意 後 見 人 等 の 解 任 (別一117等)	12	5	7	…	…
う ち 任 意 後 見 監 督 人 に 対 す る 報 酬 の 付 与 (別一119)	2 597	86	2 511	…	…
戸 籍 法 に よ る 氏 の 変 更 に つ い て の 許 可 (別一122)	13 369	700	12 669	12 648	1
戸 籍 法 に よ る 名 の 変 更 に つ い て の 許 可 (別一122)	7 030	506	6 524	6 476	2
就 籍 に つ い て の 許 可 (別一123)	205	65	140	140	-
戸 籍 の 訂 正 に つ い て の 許 可 (別一124)	952	148	804	788	9
戸 籍 事 件 に つ い て の 処 分 に 対 す る 不 服 (別一125)	18	6	12	11	-
性同一性障害者の性別の取扱いの特例に関する法律3条1項の事件 (別一126)	1 010	57	953	951	-
児 童 福 祉 法 28 条 1 項 の 事 件 (別一127)	632	139	493	487	-
児 童 福 祉 法 28 条 2 項 の 事 件 (別一128)	139	36	103	102	-
引 き 続 い て の 一 時 保 護 の 承 認 (別一128の2)	557	18	539	536	-
生 活 保 護 法 30 条 3 項 の 事 件 (別一129)	-	-	-	-	-
心 神 喪 失 等 の 状 態 で 重 大 な 他 害 行 為 を 行 っ た 者 の 医 療 及 び 観 察 等 に 関 す る 法 律 23 条 の 2 第 2 項 の 事 件 (別一130)	99	3	96	95	-
破 産 法 61 条 の 事 件 (別一131等)	-	-	-	-	-
破 産 法 238 条 の 事 件 (別一133)	18	1	17	17	-
中小企業における経営の承継の円滑化に関する法律8条1項の事件 (別一134)	62	4	58	57	-
別 表 第 二 審 判 事 件 総 数	27 931	8 746	19 185	9 890	-
夫 婦 の 同 居 ・ 協 力 扶 助 (別二1)	57	20	37	19	
婚 姻 費 用 の 分 担 (別二2)	4 018	944	3 074	510	
子 の 監 護 者 の 指 定 そ の 他 の 処 分 (別二3)	14 171	4 644	9 527	5 349	
う ち 監 護 者 の 指 定	4 035	1 422	2 613	…	
う ち 養 育 費 請 求	3 468	823	2 645	…	
う ち 面 会 交 流	3 104	1 125	1 979	…	
う ち 子 の 引 渡 し	3 489	1 239	2 250	…	
財 産 の 分 与 に 関 す る 処 分 (別二4)	656	266	390	137	
祭 祀 の 承 継 者 の 指 定 (別二5等)	132	52	80	43	
離 縁 後 の 親 権 者 の 指 定 (別二7)	1	-	1	1	
親 権 者 の 指 定 又 は 変 更 (別二8)	2 187	556	1 631	1 178	
扶 養 に 関 す る 処 分 (別二9等)	207	67	140	44	
遺 産 の 分 割 に 関 す る 処 分 な ど (別二12等)	3 544	1 503	2 041	631	
寄 与 分 を 定 め る 処 分 (別二14)	896	412	484	302	
特 別 の 寄 与 に 関 す る 処 分 (別二15)	1	-	1	1	
請 求 す べ き 按 分 割 合 に 関 す る 処 分 (別二16)	2 061	282	1 779	1 675	
生 活 保 護 法 77 条 2 項 の 事 件 (別二17)	-	-	-	-	

手続別事件別件数—全家庭裁判所（続き）

受		既 済					未
調停から係属したもの	その他	総数	認容	却下	取下げ	その他	済
…	67	7 590	7 132	29	358	71	391
…	4	630	573	1	51	5	55
…	-	65	37	13	15	-	14
…	3	664	640	5	15	4	64
…	-	89	83	-	5	1	10
…	1 119	222 924	217 747	538	3 355	1 284	13 641
…	-	1	-	-	1	-	1
…	-	-	-	-	-	-	-
…	257	21 707	20 961	14	628	104	1 498
…	10	1 139	968	76	95	-	537
…	-	138	120	5	11	2	31
…	55	18 535	18 298	5	154	78	1 676
…	5	2 491	2 373	2	110	6	207
…	2	513	495	1	14	3	30
…	2	139	74	16	47	2	35
…	-	3	-	-	3	-	12
…	4	930	877	8	35	10	66
…	1 296	4 617	4 497	23	51	46	337
…	…	754	653	19	43	39	139
…	…	1 309	1 309	-	-	-	108
…	…	20	19	-	1	-	-
…	…	7	-	2	1	4	5
…	…	2 517	2 509	1	6	1	80
…	20	12 623	11 399	316	875	33	746
…	46	6 470	4 510	456	1 453	51	560
…	-	136	74	17	43	2	69
…	7	784	645	29	101	9	168
…	1	12	-	10	2	-	6
…	2	959	948	2	7	2	51
…	6	434	338	23	67	6	198
…	1	112	100	1	10	1	27
…	3	524	427	5	90	2	33
…	-	-	-	-	-	-	-
…	1	92	85	1	5	1	7
…	-	-	-	-	-	-	-
…	-	17	17	-	-	-	1
…	1	60	58	-	1	1	2
8 783	512	19 073	9 052	2 241	3 225	4 555	8 858
18	-	40	3	20	15	2	17
2 547	17	2 912	1 895	150	268	599	1 106
3 856	322	9 640	3 465	1 481	2 342	2 352	4 531
…	…	2 616	737	334	871	674	1 419
…	…	2 650	1 478	303	205	664	818
…	…	2 053	954	205	280	614	1 051
…	…	2 276	291	625	967	393	1 213
243	10	368	162	37	53	116	288
34	3	77	36	5	17	19	55
-	-	1	1	-	-	-	-
416	37	1 598	787	235	264	312	589
92	4	140	42	39	29	30	67
1 312	98	2 021	976	28	145	872	1 523
169	13	497	84	243	45	125	399
-	-	1	-	-	1	-	-
96	8	1 778	1 601	3	46	128	283
-	-	-	-	-	-	-	-

第4表　　家事調停事件の受理，既済，未済

事　件	受理 総数	旧受	新 総数	書面申立によるて	準口頭申立によるて	訴訟に付された調停もの	審判に付された調停もの	その他
総　　　　　数	201 134	64 776	136 358	127 468	10	549	5 584	2 747
別 表 第 二 調 停 事 件 総 数	122 679	40 886	81 793	74 429	2	…	5 584	1 778
夫 婦 の 同 居 ・ 協 力 扶 助 (別二 1)	111	36	75	62	－	…	13	－
婚 姻 費 用 の 分 担 (別二 2)	31 742	9 123	22 619	21 423	2	…	726	468
子 の 監 護 者 の 指 定 そ の 他 の 処 分 (別二 3)	51 896	16 646	35 250	31 252	－	…	3 158	840
う ち 監 護 者 の 指 定	3 552	1 121	2 431	…	…	…	…	…
う ち 養 育 費 請 求	23 998	6 350	17 648	…	…	…	…	…
う ち 面 会 交 流	21 801	8 268	13 533	…	…	…	…	…
う ち 子 の 引 渡 し	2 386	810	1 576	…	…	…	…	…
財 産 の 分 与 に 関 す る 処 分 (別二 4)	2 922	1 113	1 809	1 637	－	…	130	42
祭 祀 の 承 継 者 の 指 定 (別二 5等)	274	96	178	149	－	…	24	5
離 縁 後 の 親 権 者 の 指 定 (別二 7)	－	－	－	－	－	…	－	－
親 権 者 の 指 定 又 は 変 更 (別二 8)	7 588	1 658	5 930	5 509	－	…	361	60
扶 養 に 関 す る 処 分 (別二 9等)	708	218	490	434	－	…	37	19
遺 産 の 分 割 に 関 す る 処 分 な ど (別二 12等)	24 976	11 175	13 801	12 613	－	…	863	325
寄 与 分 を 定 め る 処 分 (別二 14)	1 085	511	574	438	－	…	129	7
特 別 の 寄 与 に 関 す る 処 分 (別二 15)	4	－	4	4	－	…	－	－
請 求 す べ き 按 分 割 合 に 関 す る 処 分 (別二 16)	1 372	309	1 063	908	－	…	143	12
生 活 保 護 法 77 条 2 項 の 事 件 (別二 17)	1	1	－	－	－	…	－	－
別 表 第 二 以 外 の 調 停 事 件 総 数	78 455	23 890	54 565	53 039	8	549	…	969
婚 姻 中 の 夫 婦 間 の 事 件	63 016	19 524	43 492	42 298	4	452	…	738
婚 姻 外 の 男 女 間 の 事 件	245	70	175	171	－	－	…	4
離 婚 そ の 他 男 女 関 係 解 消 に 基 づ く 慰 謝 料	665	228	437	427	－	－	…	10
親 族 間 の 紛 争	2 660	592	2 068	2 022	2	4	…	40
合 意 に 相 当 す る 審 判 事 項	4 421	1 141	3 280	3 167	1	50	…	62
う ち 協 議 離 婚 無 効 ・ 取 消 し	494	83	411	390	－	10	…	11
う ち 認 知	1 955	549	1 406	1 373	1	12	…	20
う ち 嫡 出 否 認	619	163	456	449	－	1	…	6
う ち 親 子 関 係 不 存 在 確 認	852	230	622	600	－	7	…	15
離　　　　　縁	1 458	331	1 127	1 086	－	16	…	25
そ　　の　　他	5 990	2 004	3 986	3 868	1	27	…	90

1)　うち調停委員会による既済件数115,266件

手続別事件別件数—全家庭裁判所

総数	既済 調停成立	調停不成立	取下げ	合意に相当する審判をしたもの	調停に代わる審判をしたもの	調停をしないもの	その他	未済	異議申立て 合意に相当する審判に対するもの	調停に代わる審判に対するもの
130 517 1)	66 387	22 514	25 609	1 796	8 045	1 492	4 674	70 617	10	1 082
77 604	42 504	9 034	15 301	3	6 359	894	3 509	45 075	1	983
78	4	22	43	-	-	2	7	33	-	1
20 534	11 595	2 457	4 725	1	841	107	808	11 208	1	249
33 665	18 831	4 186	6 487	-	1 764	482	1 915	18 231	-	428
2 311	790	491	651	-	48	12	319	1 241	-	18
17 050	10 533	1 924	2 544	-	1 201	237	611	6 948	-	238
12 692	7 104	1 392	2 799	-	491	216	690	9 109	-	162
1 544	380	366	474	-	21	14	289	842	-	10
1 747	982	262	376	-	35	25	67	1 175	-	14
185	57	47	45	-	32	-	4	89	-	1
-	-	-	-	-	-	-	-	-	-	-
5 828	3 514	442	1 237	2	386	113	134	1 760	-	25
478	163	90	156	-	20	13	36	230	-	12
13 408	6 353	1 233	2 088	-	3 096	139	499	11 568	-	237
600	239	189	82	-	73	8	9	485	-	4
-	-	-	-	-	-	-	-	4	-	-
1 080	766	106	62	-	111	5	30	292	-	12
1	-	-	-	-	1	-	-	-	-	-
52 913	23 883	13 480	10 308	1 793	1 686	598	1 165	25 542	9	99
41 887	21 067	10 411	7 626	1	1 481	377	924	21 129	-	86
190	73	55	52	-	1	5	4	55	-	-
419	162	130	110	-	4	6	7	246	-	1
2 074	468	807	677	-	20	59	43	586	-	2
3 293	21	580	738	1 790	13	75	76	1 128	9	-
403	9	135	95	138	-	13	13	91	-	-
1 410	7	204	328	814	6	29	22	545	3	-
458	-	23	65	351	2	9	8	161	1	-
633	-	78	150	369	3	14	19	219	5	-
1 115	385	293	280	1	109	11	36	343	-	7
3 935	1 707	1 204	825	1	58	65	75	2 055	-	3

第5表　家事審判・調停事件の審理期間

事件	既					済
	総数	1月以内	3月以内	6月以内	1年以内	2年以内
審 判 事 件 総 数	904 753	671 962	192 409	27 338	10 437	2 224
別 表 第 一 審 判 事 件	885 680	670 392	186 148	22 034	6 228	753
別 表 第 二 審 判 事 件	19 073	1 570	6 261	5 304	4 209	1 471
調 停 事 件 総 数	130 517	10 107	33 773	40 168	32 888	12 142
別 表 第 二 調 停 事 件	77 604	6 560	19 047	22 231	20 232	8 319
別 表 第 二 以 外 の 調 停 事 件	52 913	3 547	14 726	17 937	12 656	3 823

(注)　既済の平均審理期間を算出するときに用いる代表値は次のとおりである。1月以内（0.5），3月以内（2.0），6月以内（4.5），1年以内（9.0），2年以内（18.0），2年を超える（36.0）
　　また，未済の代表値は次のとおりである。3月以内（1.5），6月以内（4.5），1年以内（9.0），2年以内（18.0），3年以内（30.0），3年を超える（48.0）

第6表　審判前の保全処分及びその取消事件の新受，既済，未済
手続別事件別件数―全家庭裁判所

保全処分及びその取消事件	新受	既				済	未済
		総数	認容	却下	取下げ	その他	
総　数	2 869	2 835	741	374	1 577	143	921
財 産 の 管 理 者 の 選 任 等 の 申 立 て	313	310	202	8	83	17	46
財産の管理者の後見等を受けるべきことを命ずる処分の申立て	71	71	30	1	38	2	16
仮差押え，仮処分その他の保全処分の申立て	2 299	2 255	444	349	1 348	114	812
うち　金銭仮払仮処分　夫婦同居等（別二 1）	1	1	–	–	1	–	–
婚姻費用分担（別二 2）	238	241	52	14	164	11	71
子の監護（別二 3）	22	19	3	–	15	1	11
扶養（別二 10）	8	7	2	–	3	2	8
その他	42	36	13	2	20	1	16
うち　子の引渡しを命ずる仮処分　子の監護（別二 3）	1 500	1 463	146	274	965	78	597
親権者変更等（別二 8）	51	54	2	6	41	5	16
その他	99	98	16	19	55	8	37
養 子 と な る べ き 者 の 監 護 者 選 任 の 申 立 て	–	–	–	–	–	–	–
親権者，管理権者等の職務執行停止又は職務代行者選任の申立て	184	198	65	16	107	10	44
審 判 前 の 保 全 処 分 の 取 消 し の 申 立 て	2	1	–	–	1	–	3

(注)　「うち金銭仮払仮処分」及び「うち子の引渡しを命ずる仮処分」の内訳は，本案審判事件である。

別既済，未済件数―全家庭裁判所

未		済							
2年を超えるもの	平均審理期間（月）	総数	3月以内	6月以内	1年以内	2年以内	3年以内	3年を超えるもの	平均審理期間（月）
383	1.1	61 574	51 147	5 525	3 398	1 148	223	133	2.7
125	1.0	52 716	47 167	3 392	1 739	346	45	27	2.1
258	5.8	8 858	3 980	2 133	1 659	802	178	106	6.3
1 439	6.3	70 617	29 180	18 664	15 551	6 095	840	287	5.9
1 215	6.7	45 075	17 729	11 488	10 370	4 508	710	270	6.4
224	5.7	25 542	11 451	7 176	5 181	1 587	130	17	5.1

第7表　家事手続案内件数―全家庭裁判所

件　　　数	467 289

第8表　家事事件の種類別新受，既済，

家庭裁判所	総数			家事審判事件								
				総数			別表第一審判事件			別表第二審判事件		
	新受	既済	未済	新受	既済	未済	新受	既済	未済	新受	既済	未済
全国総数	1 091 804	1 082 412	145 916	907 800	904 753	61 574	888 615	885 680	52 716	19 185	19 073	8 858
東京高裁管内総数	433 702	430 331	63 031	359 254	358 172	26 802	351 963	350 857	23 341	7 291	7 315	3 461
東京	120 310	118 493	19 785	98 303	97 425	8 080	96 222	95 320	6 946	2 081	2 105	1 134
横浜	78 524	78 324	11 777	65 998	66 332	5 261	64 643	64 998	4 667	1 355	1 334	594
さいたま	52 449	52 090	7 931	42 548	42 497	3 046	41 587	41 565	2 601	961	932	445
千葉	51 759	51 231	7 564	43 123	42 833	3 650	42 149	41 853	3 259	974	980	391
水戸	21 653	21 410	2 849	17 644	17 492	1 188	17 247	17 110	1 000	397	352	188
宇都宮	13 378	13 309	1 582	10 599	10 632	488	10 368	10 379	398	231	253	90
前橋	15 108	15 328	2 157	12 352	12 454	840	12 071	12 195	700	281	259	140
静岡	35 419	35 374	3 892	30 037	30 014	1 671	29 562	29 488	1 459	475	526	212
甲府	7 160	7 183	872	5 953	5 912	389	5 838	5 784	333	115	128	56
長野	16 737	16 491	2 418	13 898	13 811	1 045	13 665	13 568	914	233	243	131
新潟	21 205	21 098	2 204	18 799	18 770	1 144	18 611	18 567	1 064	188	203	80
大阪高裁管内総数	190 497	188 861	25 229	161 768	161 038	10 472	158 381	157 882	8 792	3 387	3 156	1 680
大阪	81 880	81 108	11 018	69 594	69 455	4 441	68 237	68 227	3 766	1 357	1 228	675
京都	25 244	25 131	3 228	21 635	21 490	1 412	21 215	21 136	1 153	420	354	259
神戸	49 089	48 639	6 568	41 295	40 957	2 826	40 385	40 061	2 419	910	896	407
奈良	11 197	11 069	1 769	9 363	9 343	721	9 115	9 083	595	248	260	126
大津	13 860	13 796	1 518	11 897	11 883	579	11 643	11 631	475	254	252	104
和歌山	9 227	9 118	1 128	7 984	7 910	493	7 786	7 744	384	198	166	109
名古屋高裁管内総数	108 035	106 453	14 155	87 578	87 064	5 164	85 458	84 877	4 275	2 120	2 187	889
名古屋	51 087	50 233	7 563	39 942	39 822	2 385	38 747	38 618	1 897	1 195	1 204	488
津	15 524	15 472	1 681	12 912	12 957	552	12 663	12 714	438	249	243	114
岐阜	14 311	13 956	1 984	11 538	11 362	706	11 324	11 111	618	214	251	88
福井	7 496	7 293	778	6 595	6 442	404	6 506	6 332	366	89	110	38
金沢	10 013	9 930	1 109	8 467	8 389	565	8 239	8 173	470	228	216	95
富山	9 604	9 569	1 040	8 124	8 092	552	7 979	7 929	486	145	163	66
広島高裁管内総数	74 314	74 047	8 952	63 240	63 295	4 040	61 983	61 901	3 428	1 257	1 394	612
広島	25 053	25 112	3 238	20 500	20 612	1 320	19 989	20 031	1 073	511	581	247
山口	13 814	13 703	1 850	11 814	11 789	924	11 600	11 551	816	214	238	108
岡山	22 246	22 163	2 420	19 346	19 298	1 103	18 981	18 896	958	365	402	145
鳥取	5 717	5 619	776	4 871	4 897	341	4 765	4 804	270	106	93	71
松江	7 484	7 450	668	6 709	6 699	352	6 648	6 619	311	61	80	41
福岡高裁管内総数	131 410	130 306	16 066	108 346	108 276	7 076	105 924	105 889	6 056	2 422	2 387	1 020
福岡	45 757	45 641	5 544	37 407	37 589	2 221	36 411	36 599	1 831	996	990	390
佐賀	7 726	7 693	825	6 550	6 563	347	6 425	6 428	288	125	135	59
長崎	11 826	11 904	1 291	9 869	9 927	569	9 660	9 718	471	209	209	98
大分	9 350	9 308	1 060	7 670	7 713	413	7 489	7 509	357	181	204	56
熊本	15 442	15 251	1 868	12 607	12 557	707	12 286	12 245	567	321	312	140
鹿児島	16 002	15 733	2 059	13 410	13 297	1 105	13 208	13 109	1 009	202	188	96
宮崎	11 737	11 647	1 410	9 801	9 898	663	9 666	9 777	609	135	121	54
那覇	13 570	13 129	2 009	11 032	10 732	1 051	10 779	10 504	924	253	228	127
仙台高裁管内総数	73 955	73 607	8 603	61 866	61 704	3 991	60 686	60 506	3 542	1 180	1 198	449
仙台	18 041	17 978	2 426	14 606	14 619	917	14 261	14 270	786	345	349	131
福島	16 370	16 230	1 950	13 477	13 525	825	13 169	13 255	709	308	270	116
山形	9 750	9 679	1 054	8 370	8 296	522	8 296	8 208	496	74	88	26
盛岡	9 992	10 020	1 059	8 326	8 324	505	8 167	8 130	459	159	194	46
秋田	7 015	6 999	810	5 960	5 941	487	5 862	5 841	446	98	103	41
青森	12 787	12 701	1 274	11 127	10 996	735	10 931	10 802	646	196	194	89
札幌高裁管内総数	45 926	45 344	5 663	37 623	37 356	2 358	36 677	36 444	1 940	946	912	418
札幌	28 301	27 879	3 807	22 971	22 805	1 408	22 322	22 189	1 108	649	616	300
函館	3 894	3 920	376	3 279	3 297	192	3 237	3 247	176	42	50	16
旭川	6 131	6 085	700	5 121	5 112	359	4 989	4 983	305	132	129	54
釧路	7 600	7 460	780	6 252	6 142	399	6 129	6 025	351	123	117	48
高松高裁管内総数	33 965	33 463	4 217	28 125	27 848	1 671	27 543	27 324	1 342	582	524	329
高松	9 281	9 261	1 169	7 475	7 489	411	7 291	7 315	315	184	174	96
徳島	6 729	6 618	945	5 601	5 519	381	5 447	5 402	288	151	147	93
高知	7 252	7 016	795	6 223	6 027	428	6 161	5 986	395	59	41	33
松山	10 703	10 568	1 308	8 826	8 783	451	8 641	8 621	344	185	162	107

1)　民事控訴提起等事件には，飛躍上告受理申立事件及び飛躍上告提起事件を計上している。

未済件数—家庭裁判所別

| 家事調停事件 | | | | | | | | | 訴訟事件 | | |
| 総数 | | | 別表第二調停事件 | | | 別表第二以外の調停事件 | | | 人事訴訟事件 | | |
新受	既済	未済	新受	既済	未済	新受	既済	未済	新受	既済	未済
136 358	**130 517**	**70 617**	**81 793**	**77 604**	**45 075**	**54 565**	**52 913**	**25 542**	**9 042**	**8 827**	**9 660**
55 104	**52 995**	**30 168**	**31 960**	**30 394**	**18 779**	**23 144**	**22 601**	**11 389**	**3 978**	**3 878**	**4 457**
15 945	14 937	9 680	9 423	8 747	6 206	6 522	6 190	3 474	1 373	1 401	1 559
9 304	8 892	5 404	5 378	5 052	3 365	3 926	3 840	2 039	723	620	853
7 400	7 105	4 082	4 186	3 991	2 509	3 214	3 114	1 573	530	511	585
6 479	6 252	3 240	3 713	3 532	1 927	2 766	2 720	1 313	442	422	493
2 990	2 908	1 386	1 726	1 656	846	1 264	1 252	540	158	172	174
2 135	2 052	930	1 255	1 178	584	880	874	346	111	111	104
2 027	2 150	1 105	1 137	1 207	668	890	943	437	148	157	162
4 101	4 111	1 876	2 404	2 391	1 178	1 697	1 720	698	217	207	255
883	954	408	504	560	229	379	394	179	53	46	47
2 056	1 948	1 134	1 171	1 105	688	885	843	446	138	126	147
1 784	1 686	923	1 063	975	579	721	711	344	85	105	78
21 996	**21 157**	**12 475**	**13 574**	**12 848**	**8 193**	**8 422**	**8 309**	**4 282**	**1 497**	**1 519**	**1 619**
9 476	8 865	5 576	5 826	5 368	3 689	3 650	3 497	1 887	663	715	682
2 726	2 750	1 531	1 699	1 706	995	1 027	1 044	536	187	187	212
5 951	5 855	3 138	3 611	3 492	2 044	2 340	2 363	1 094	421	398	459
1 373	1 274	880	882	795	591	491	479	289	93	103	113
1 499	1 464	814	928	916	513	571	548	301	75	64	81
971	949	536	628	571	361	343	378	175	58	52	72
15 751	**14 695**	**7 630**	**9 342**	**8 681**	**4 777**	**6 409**	**6 014**	**2 853**	**981**	**993**	**982**
8 634	7 910	4 355	5 130	4 716	2 733	3 504	3 194	1 622	620	611	616
2 033	1 924	980	1 204	1 097	627	829	827	353	101	112	106
2 163	1 987	1 133	1 277	1 150	689	886	837	444	98	104	104
705	662	322	412	402	194	293	260	128	31	25	31
1 116	1 115	442	709	686	290	407	429	152	69	72	69
1 100	1 097	398	610	630	244	490	467	154	62	69	56
8 099	**7 790**	**4 159**	**5 138**	**4 984**	**2 749**	**2 961**	**2 806**	**1 410**	**442**	**433**	**509**
3 180	3 073	1 631	2 010	1 971	1 054	1 170	1 102	577	177	219	201
1 476	1 429	774	957	911	526	519	518	248	78	53	86
2 242	2 224	1 109	1 412	1 432	732	830	792	377	145	118	167
641	528	374	423	339	269	218	189	105	32	24	40
560	536	271	336	331	168	224	205	103	10	19	15
16 583	**15 653**	**7 488**	**10 463**	**9 875**	**4 985**	**6 120**	**5 778**	**2 503**	**981**	**911**	**977**
6 079	5 847	2 736	3 789	3 662	1 797	2 290	2 185	939	414	387	399
795	768	386	470	482	247	325	286	139	62	49	67
1 311	1 342	586	803	860	372	508	482	214	67	66	68
1 289	1 217	546	812	752	361	477	465	185	75	64	71
2 009	1 858	969	1 248	1 164	623	761	694	346	118	110	130
1 805	1 641	809	1 241	1 084	594	564	557	215	94	105	87
1 337	1 160	628	816	710	395	521	450	233	69	57	78
1 958	1 820	828	1 284	1 161	596	674	659	232	82	73	77
8 447	**8 296**	**3 774**	**4 833**	**4 672**	**2 329**	**3 614**	**3 624**	**1 445**	**589**	**525**	**542**
2 464	2 393	1 198	1 416	1 315	724	1 048	1 078	474	227	201	229
2 083	1 935	927	1 206	1 098	575	877	837	352	138	111	124
901	902	439	438	451	249	463	451	190	62	55	62
1 148	1 168	471	653	671	298	495	497	173	56	68	37
711	722	282	399	390	177	312	332	105	55	45	47
1 140	1 176	457	721	747	306	419	429	151	51	45	43
6 102	**5 796**	**2 777**	**3 819**	**3 594**	**1 825**	**2 283**	**2 202**	**952**	**356**	**380**	**329**
3 983	3 748	2 035	2 502	2 349	1 327	1 481	1 399	708	257	265	235
434	439	150	270	264	105	164	175	45	15	20	19
728	701	277	441	420	189	287	281	88	40	40	35
957	908	315	606	561	204	351	347	111	44	55	40
4 276	**4 135**	**2 146**	**2 664**	**2 556**	**1 438**	**1 612**	**1 579**	**708**	**218**	**188**	**245**
1 336	1 309	646	848	830	421	488	479	225	79	81	70
827	807	447	539	514	319	288	293	128	57	39	77
720	692	311	441	407	206	279	285	105	28	20	30
1 393	1 327	742	836	805	192	557	522	250	51	48	68

第8表　家事事件の種類別新受，既済，

家庭裁判所	訴訟事件 通常訴訟事件			子の返還申立事件			家事抗告提起事件			民事控訴提起等事件 1)		
	新受	既済	未済	新受	既済	未済	新受	既済	未済	新受	既済	未済
全　国　総　数	236	234	200	16	19	1	3 520	3 512	216	1 279	1 284	85
東京高裁管内総数	86	96	73	6	7	1	1 423	1 425	79	563	561	32
東京	28	43	24	6	7	1	520	514	25	272	268	13
横浜	10	12	8	-	-	-	269	279	15	89	88	8
さいたま	16	11	14	-	-	-	148	156	8	67	71	3
千葉	11	12	7	-	-	-	171	165	12	55	57	2
水戸	3	1	5	-	-	-	53	51	5	18	17	1
宇都宮	-	6	1	-	-	-	38	35	3	10	9	1
前橋	4	5	3	-	-	-	46	46	4	17	17	1
静岡	8	4	5	-	-	-	81	83	2	14	15	-
甲府	-	1	-	-	-	-	22	20	2	4	4	-
長野	5	1	5	-	-	-	41	42	1	2	1	1
新潟	1	-	1	-	-	-	34	34	2	15	14	2
大阪高裁管内総数	53	48	38	10	12	-	709	697	50	283	288	20
大阪	33	27	19	10	12	-	293	291	21	140	143	8
京都	4	3	5	-	-	-	94	95	3	41	41	3
神戸	8	13	6	-	-	-	190	184	15	65	68	6
奈良	5	4	6	-	-	-	44	41	6	33	31	3
大津	3	1	2	-	-	-	51	49	3	3	4	-
和歌山	-	-	-	-	-	-	37	37	2	1	1	-
名古屋高裁管内総数	21	19	18	-	-	-	369	370	23	113	113	12
名古屋	13	13	10	-	-	-	226	223	15	68	69	9
津	-	1	1	-	-	-	60	58	6	10	10	-
岐阜	1	-	1	-	-	-	33	37	-	15	13	2
福井	2	-	2	-	-	-	11	10	1	3	4	-
金沢	3	2	3	-	-	-	24	25	1	10	10	1
富山	2	3	1	-	-	-	15	17	-	7	7	-
広島高裁管内総数	14	12	17	-	-	-	218	219	6	71	70	4
広島	7	10	7	-	-	-	97	97	2	32	31	1
山口	1	1	3	-	-	-	34	35	1	7	6	1
岡山	4	-	4	-	-	-	61	61	3	23	24	2
鳥取	2	-	3	-	-	-	15	15	-	6	6	-
松江	-	1	-	-	-	-	11	11	-	3	3	-
福岡高裁管内総数	29	19	26	-	-	-	416	408	34	123	122	10
福岡	12	3	13	-	-	-	219	214	13	61	63	3
佐賀	6	3	5	-	-	-	23	22	1	3	3	-
長崎	2	-	2	-	-	-	36	32	6	4	5	1
大分	1	2	-	-	-	-	16	19	1	6	4	3
熊本	4	2	3	-	-	-	46	45	4	13	13	-
鹿児島	-	3	-	-	-	-	24	20	5	16	16	1
宮崎	1	-	1	-	-	-	17	22	-	8	7	1
那覇	3	6	2	-	-	-	35	34	4	12	11	1
仙台高裁管内総数	13	15	13	-	-	-	125	138	4	55	60	1
仙台	3	3	4	-	-	-	42	48	1	27	28	-
福島	4	5	2	-	-	-	33	37	1	11	11	1
山形	1	2	2	-	-	-	6	6	-	3	4	-
盛岡	-	1	-	-	-	-	14	15	-	3	4	-
秋田	1	-	1	-	-	-	12	12	-	7	9	-
青森	4	4	4	-	-	-	18	20	2	4	4	-
札幌高裁管内総数	11	16	12	-	-	-	160	156	15	53	52	5
札幌	8	8	8	-	-	-	100	100	11	41	39	4
函館	-	3	-	-	-	-	14	14	-	2	3	-
旭川	2	3	3	-	-	-	35	34	1	6	6	-
釧路	1	2	1	-	-	-	11	8	3	4	4	1
高松高裁管内総数	9	9	3	-	-	-	100	99	5	18	18	1
高松	5	4	2	-	-	-	27	24	4	8	9	-
徳島	2	3	-	-	-	-	38	38	1	3	2	1
高知	1	1	1	-	-	-	12	12	-	1	1	-
松山	1	1	1	-	-	-	23	25	-	6	6	-

未済件数—家庭裁判所別（続き）

再審事件			保全命令事件			家事共助事件			家事雑事件		
新受	既済	未済	新受	既済	未済	新受	既済	未済	新受	既済	未済
21	23	9	508	509	23	9 137	8 827	1 283	23 887	23 907	2 248
11	13	5	228	236	9	3 097	3 006	446	9 952	9 942	959
2	4	-	96	96	3	786	773	118	2 979	3 025	282
2	2	-	47	48	3	566	539	79	1 516	1 512	146
-	-	-	29	33	1	432	419	63	1 279	1 287	129
1	1	1	33	35	-	368	378	42	1 076	1 076	117
-	-	-	5	5	-	196	184	31	586	580	59
-	-	-	3	3	-	103	93	17	379	368	38
-	-	-	3	5	-	79	76	8	432	418	34
1	1	-	9	9	-	239	231	34	712	699	49
-	-	-	1	1	-	53	58	5	191	187	21
5	5	4	-	-	-	154	139	28	438	418	53
-	-	-	2	1	2	121	116	21	364	372	31
3	3	2	132	124	9	1 135	1 096	173	2 911	2 879	371
2	2	1	57	53	4	466	434	80	1 146	1 111	186
1	1	1	32	31	2	160	163	16	364	370	43
-	-	-	32	30	2	313	310	44	814	824	72
-	-	-	10	10	-	44	42	10	232	221	30
-	-	-	1	-	1	105	102	15	226	229	23
-	-	-	-	-	-	47	45	8	129	124	17
4	4	-	31	32	-	779	741	117	2 408	2 422	209
1	1	-	13	14	-	418	384	71	1 152	1 186	102
-	-	-	7	7	-	92	97	10	309	306	26
1	1	-	5	5	-	106	102	12	351	345	26
-	-	-	1	1	-	32	33	4	116	116	14
2	2	-	3	3	-	65	61	8	254	251	20
-	-	-	2	2	-	66	64	12	226	218	21
1	-	1	13	12	2	621	599	88	1 595	1 617	126
-	-	-	10	9	1	271	272	33	779	789	42
-	-	-	-	-	-	131	120	20	273	270	41
1	-	1	1	1	1	88	87	16	335	350	14
-	-	-	2	2	-	56	56	7	92	91	11
-	-	-	-	-	-	75	64	12	116	117	18
2	3	1	55	55	2	1 673	1 621	206	3 202	3 238	246
1	1	-	21	22	1	513	495	66	1 030	1 020	92
-	1	-	-	-	-	89	86	10	198	198	9
-	-	-	7	7	-	201	192	30	329	333	29
-	-	-	6	6	-	54	56	4	233	227	22
-	1	-	4	4	-	149	145	20	492	516	35
-	-	-	9	9	-	273	262	33	371	380	19
-	-	-	5	4	1	203	194	22	296	305	16
1	-	1	3	3	-	191	191	21	253	259	24
-	-	-	15	16	1	866	855	122	1 979	1 998	155
-	-	-	7	6	1	111	109	27	554	571	49
-	-	-	5	5	-	262	247	35	357	354	35
-	-	-	2	3	-	95	100	11	310	311	18
-	-	-	-	1	-	160	155	23	285	284	23
-	-	-	-	-	-	105	104	13	164	163	10
-	-	-	1	1	-	133	140	13	309	315	20
-	-	-	29	29	-	493	471	67	1 099	1 088	100
-	-	-	20	20	-	274	255	40	647	639	66
-	-	-	6	6	-	53	53	6	91	85	9
-	-	-	-	-	-	41	35	8	158	154	17
-	-	-	3	3	-	125	128	13	203	210	8
-	-	-	5	5	-	473	438	64	741	723	82
-	-	-	-	-	-	117	107	16	234	238	20
-	-	-	1	1	-	70	65	8	130	114	30
-	-	-	2	2	-	121	118	15	144	143	11
-	-	-	2	2	-	165	148	25	233	228	21

第9表　家事審判・調停事件の

事　　件	全国総数	東京	横浜	さいたま	千葉	水戸	宇都宮	前橋	静岡	甲府
審　判　事　件	907 800	98 303	65 998	42 548	43 123	17 644	10 599	12 352	30 037	5 953
別　表　第　　一	888 615	96 222	64 643	41 587	42 149	17 247	10 368	12 071	29 562	5 838
後見開始の審判及びその取消し (別－1等)	26 575	3 498	2 000	1 309	1 259	408	203	324	858	179
保佐開始の審判・取消しなど (別－17等)	15 514	1 890	1 095	557	693	112	75	174	535	93
補助開始の審判・取消しなど (別－36等)	5 658	779	420	131	219	33	30	42	245	34
後見人等の選任 (別－3等)	9 618	1 662	808	489	392	159	82	118	297	31
うち成年後見人の選任 (別－3)	4 628	494	460	286	192	75	45	59	139	17
うち成年後見監督人の選任 (別－6)	1 484	651	97	48	27	23	4	16	57	1
うち保佐人の選任 (別－22)	835	98	64	40	28	9	4	12	30	6
うち保佐監督人の選任 (別－26)	475	172	40	25	25	3	1	4	6	1
うち補助人の選任 (別－41)	233	26	22	5	8	1	1	1	6	1
うち補助監督人の選任 (別－45)	120	47	13	4	5	–	–	–	3	–
うち未成年後見人の選任 (別－71)	1 729	140	107	79	100	47	25	24	53	5
うち未成年後見監督人の選任 (別－74)	114	34	5	2	7	1	2	2	3	–
離縁後の未成年後見人の選任 (別－70)	3	–	–	–	–	–	–	–	–	–
後見人等の辞任 (別－4等)	6 456	823	571	370	262	89	50	87	223	47
後見人等の解任 (別－5等)	468	29	33	11	18	8	4	6	13	2
うち職権によるもの	188	8	19	2	9	2	3	2	6	1
後見人の財産目録の作成の期間の伸長 (別－9等)	183	–	–	–	–	–	–	–	4	–
後見人等の権限行使についての定め及びその取消し (別－10等)	4 463	397	110	379	341	103	54	79	177	51
居住用不動産の処分についての許可 (別－11等)	8 449	1 575	682	435	471	74	46	73	216	46
特別代理人の選任（利益相反行為） (別－12等)	9 017	1 143	688	558	433	151	147	175	347	51
郵便物等の配達の嘱託 (別－12の2)	1 424	195	116	87	79	30	12	17	55	13
郵便物等の配達の嘱託取消等 (別－12の2)	22	2	1	1	5	1	1	–	3	–
うち職権によるもの	2	–	–	–	–	–	–	–	–	–
後見人等に対する報酬の付与 (別－13等)	157 018	23 176	11 384	6 520	7 133	1 757	1 166	1 979	4 740	936
後見等監督処分 (別－14等)	166 928	13 887	18 115	7 086	7 793	2 922	1 261	1 388	8 385	922
うち職権によるもの	166 670	13 882	18 110	7 008	7 790	2 921	1 261	1 384	8 380	921
第三者が子等に与えた財産の管理者選任等 (別－15等)	1	–	–	–	–	–	–	–	–	–
後見終了に伴う管理計算の期間の伸長 (別－16等)	56	5	1	3	–	1	–	–	–	–
成年被後見人死亡後の事務 (別－16の2)	2 513	416	208	188	105	77	20	14	131	21
臨時保佐人等の選任（利益相反行為） (別－25等)	112	13	4	3	6	1	–	1	6	3
不在者の財産の管理に関する処分 (別－55)	7 405	1 011	381	235	270	204	78	105	147	44
失踪の宣告及びその取消し (別－56等)	2 108	396	139	87	108	37	14	28	60	7
夫婦の財産管理者変更・共有財産の分割 (別－58)	–	–	–	–	–	–	–	–	–	–
特別代理人の選任（嫡出否認） (別－59)	–	–	–	–	–	–	–	–	–	–
子の氏の変更についての許可 (別－60)	152 631	11 954	8 911	7 977	6 576	3 622	2 539	2 275	4 346	989
養子をするについての許可 (別－61)	1 004	164	55	46	73	18	28	23	22	5
離縁をするについての許可 (別－62)	2 366	264	132	127	119	58	43	37	92	18
特別養子縁組の成立及びその離縁に関する処分 (別－63等)	816	95	76	65	37	22	17	17	18	1
うち離縁に関する処分 (別－64)	–	–	–	–	–	–	–	–	–	–
親権喪失，親権停止又は管理権喪失の審判及びその取消し (別－67等)	374	54	17	21	17	4	7	16	11	4
うち親権喪失の審判 (別－67)	109	18	1	8	6	2	4	8	3	–
うち親権停止の審判 (別－67)	252	34	16	13	10	–	3	7	8	4
うち管理権喪失の審判 (別－67)	7	1	–	–	1	–	–	1	–	–
親権・管理権の辞任・回復 (別－69)	29	–	2	–	2	–	–	4	2	–
扶養義務の設定及びその取消し (別－84等)	48	7	3	2	3	4	–	–	1	–
推定相続人の廃除及びその取消し (別－86等)	197	26	21	8	9	2	–	2	15	–
推定相続人廃除等に伴う遺産の管理に関する処分 (別－88)	2	1	–	–	–	–	–	–	–	–
相続の承認又は放棄の期間の伸長 (別－89)	7 589	1 006	495	350	381	145	109	110	260	86
相続財産の保存又は管理に関する処分 (別－90)	643	297	8	24	10	10	1	8	21	3
相続の限定承認又は放棄の取消し (別－91)	64	9	5	1	2	2	1	1	–	–
相続の限定承認の申述受理 (別－92)	657	101	36	35	31	20	7	6	20	2
鑑定人の選任 (別－93等)	92	10	8	3	4	2	–	1	4	1
相続の放棄の申述の受理 (別－95)	225 415	21 217	12 562	11 024	11 804	5 766	3 571	3 985	6 385	1 848
相続財産の分離に関する処分 (別－96)	1	–	–	–	–	–	1	–	–	–
相続財産管理に関する処分（財産分離） (別－97)	–	–	–	–	–	–	–	–	–	–
相続財産管理人選任等（相続人不分明） (別－99)	21 751	2 566	1 334	964	1 155	488	209	365	629	133
特別縁故者への相続財産の分与 (別－101)	1 040	154	61	32	59	16	9	24	27	5
遺言の確認 (別－102)	144	20	8	7	3	4	3	–	3	–
遺言書の検認 (別－103)	18 625	3 112	1 686	1 064	969	348	216	203	525	102
遺言執行者の選任 (別－104)	2 531	381	193	118	121	46	30	24	71	13
遺言執行者に対する報酬の付与 (別－105)	517	83	32	14	16	3	6	4	27	3
遺言執行者の解任及び辞任 (別－106等)	144	28	17	5	6	–	–	3	4	2
遺言の取消し (別－108)	8	1	1	1	2	–	–	–	–	–
遺留分の放棄についての許可 (別－110)	911	157	56	49	22	12	7	13	28	3
任意後見契約に関する法律関係 (別－111等)	4 617	683	684	191	155	36	35	46	138	14
うち任意後見監督人の選任 (別－111等)	769	145	93	30	32	9	5	7	18	3
うち任意後見監督処分 (別－115)	1 303	1	311	37	46	13	4	4	66	1
うち任意後見監督人の辞任 (別－116)	16	–	3	–	1	–	–	1	1	1
うち任意後見人等の解任 (別－117等)	7	2	–	1	–	–	1	–	–	–
うち任意後見監督人に対する報酬の付与 (別－119)	2 511	533	276	123	76	14	25	29	53	9
戸籍法による氏の変更についての許可 (別－122)	12 669	1 397	779	553	493	263	175	174	274	73
戸籍法による名の変更についての許可 (別－122)	6 524	1 069	483	281	300	122	77	99	138	33
就籍についての許可 (別－123)	140	31	14	4	4	2	–	–	3	–
戸籍の訂正についての許可 (別－124)	804	147	49	41	19	21	12	4	14	5
戸籍事件についての処分に対する不服 (別－125)	12	1	–	–	–	1	–	–	1	–
性同一性障害者の性別の取扱いの特例に関する法律3条1項の事件 (別－126)	953	142	85	56	63	20	10	11	17	4
児童福祉法28条1項の事件 (別－127)	493	49	28	29	39	13	2	5	8	6
児童福祉法28条2項の事件 (別－128)	103	17	8	3	1	–	–	–	1	1
引き続いての一時保護の承認 (別－128の2)	539	73	29	22	64	5	3	–	11	3
生活保護法30条3項の事件 (別－129)	–	–	–	–	–	–	–	–	–	–
心神喪失等の状態で重大な他害行為を行った者の医療及び観察等に関する法律23条の2第2項の事件 (別－130)	96	2	2	10	3	–	4	7	–	–
破産法61条の事件 (別－131等)	–	–	–	–	–	–	–	–	–	–
破産法238条の事件 (別－133)	17	2	2	3	–	1	–	–	–	–
中小企業における経営の承継の円滑化に関する法律8条1項の事件 (別－131)	58	5	5	4	–	–	–	1	2	–

事件別新受件数—家庭裁判所別

長野	新潟	大阪	京都	神戸	奈良	大津	和歌山	名古屋	津	岐阜	福井	金沢	富山	広島
13 898	18 799	69 594	21 635	41 295	9 363	11 897	7 984	39 942	12 912	11 538	6 595	8 467	8 124	20 500
13 665	18 611	68 237	21 215	40 385	9 115	11 643	7 786	38 747	12 663	11 324	6 506	8 239	7 979	19 989
396	641	2 265	740	1 154	302	272	154	1 076	256	275	163	297	296	613
202	488	1 340	832	1 076	216	234	95	531	128	159	119	164	170	337
59	181	532	269	374	41	115	35	187	23	72	43	64	53	135
154	161	690	155	410	105	110	73	379	101	92	91	94	105	207
98	70	311	77	198	52	59	28	194	45	41	42	53	46	123
7	13	107	3	63	3	6	11	42	16	12	6	11	5	8
15	24	49	25	28	14	21	6	29	8	7	25	4	8	17
6	12	33	4	20	4	2	1	13	4	2	2	4	20	12
4	6	24	7	16	3	5	2	6	2	4	1	4	5	2
1	1	3	–	6	–	–	2	3	–	1	1	3	6	3
23	34	154	39	66	29	14	23	88	26	25	14	15	15	41
–	1	9	–	13	–	3	–	4	–	–	–	1	–	1
121	146	400	128	237	105	62	41	285	61	88	61	55	68	190
6	3	38	10	28	5	4	4	16	2	9	3	3	4	8
3	3	7	–	6	–	1	2	8	1	5	3	–	1	2
–	–	105	8	6	1	12	8	1	1	9	1	1	–	–
71	145	80	102	31	20	34	18	225	40	101	35	38	25	218
88	184	917	294	494	91	102	48	258	55	49	46	87	50	158
153	162	646	182	372	72	138	67	739	148	177	42	91	74	179
26	48	91	40	51	8	14	9	62	5	12	8	14	18	32
–	–	–	–	1	–	–	–	1	–	–	2	–	–	–
–	–	–	–	–	–	–	–	–	–	–	1	–	–	–
2 359	3 383	13 011	4 955	7 847	1 663	2 047	1 149	6 034	1 802	1 538	1 068	1 614	1 333	3 491
2 945	4 442	10 634	3 071	6 457	1 466	3 682	1 254	4 511	3 112	1 576	1 717	1 451	2 315	3 101
2 937	4 438	10 631	3 066	6 443	1 466	3 677	1 248	4 492	3 110	1 570	1 712	1 450	2 315	3 094
–	–	13	–	2	1	1	–	1	–	1	–	–	4	1
21	46	341	54	42	16	28	12	109	13	15	8	23	10	60
1	1	3	–	3	1	3	3	6	4	1	–	2	2	3
65	82	377	103	242	29	76	53	314	87	72	40	56	67	362
23	35	180	30	68	17	16	21	82	17	21	8	14	12	41
–	–	–	–	–	–	–	–	–	–	–	–	–	–	–
2 364	2 293	11 471	3 170	6 922	1 659	1 696	1 498	8 329	2 218	2 244	816	1 250	1 003	3 709
21	11	66	15	47	8	12	5	90	22	21	4	2	3	20
63	41	161	71	99	19	20	30	180	48	36	14	24	22	31
16	16	50	11	28	5	11	6	56	10	19	6	9	4	12
–	–	–	–	–	–	–	–	–	–	–	–	–	–	–
7	2	60	12	10	3	3	7	20	4	2	4	5	4	9
1	–	14	5	3	–	2	–	6	–	–	–	1	–	–
6	2	44	7	7	1	1	7	14	4	2	4	4	4	9
–	–	2	1	1	–	1	1	2	–	–	–	–	–	–
1	–	3	1	3	–	1	–	–	1	–	–	–	–	1
5	1	13	4	11	3	3	–	11	7	–	–	6	1	4
–	–	1	–	–	–	–	–	–	–	–	–	–	–	–
129	133	779	212	304	90	76	49	377	116	116	38	60	54	179
9	4	57	7	18	2	1	7	26	7	5	7	7	4	13
5	–	7	2	3	–	–	–	9	–	1	–	–	1	1
5	10	65	22	40	9	4	7	33	14	7	3	8	5	16
–	1	12	4	6	1	–	1	1	1	1	1	2	–	1
3 158	4 726	18 101	4 793	10 434	2 344	2 172	2 480	10 886	3 468	3 678	1 723	2 125	1 676	5 073
398	519	1 492	525	1 078	253	217	245	1 195	303	363	157	309	257	581
17	25	92	16	47	7	10	8	36	9	13	5	5	15	31
3	2	18	9	12	2	2	1	3	3	–	–	–	3	3
346	300	1 198	517	827	219	162	87	957	205	221	94	130	99	436
33	42	187	61	105	27	18	13	157	42	31	10	25	20	69
6	10	39	21	23	10	6	2	46	10	4	2	11	4	8
–	–	9	1	10	2	2	3	14	2	1	2	1	–	2
–	–	–	2	–	–	–	–	1	–	–	–	–	–	–
17	12	79	34	43	19	2	6	88	8	19	11	–	13	29
75	44	459	128	258	41	31	35	165	33	39	15	40	32	80
13	7	65	27	36	10	2	6	41	5	5	3	4	8	12
30	17	122	29	75	9	16	11	23	13	8	6	5	13	17
2	–	1	–	–	–	–	–	1	–	–	–	–	–	–
30	20	271	71	146	22	13	18	100	15	26	6	31	11	51
187	160	1 145	341	643	123	126	145	689	164	122	91	89	92	331
78	59	581	192	360	76	87	64	395	78	85	28	45	46	150
2	1	30	1	5	1	–	3	5	2	–	2	–	–	4
14	15	53	19	47	3	4	6	43	4	8	9	2	8	17
–	1	1	–	–	–	–	–	–	1	–	–	–	–	1
5	7	131	19	47	10	7	11	57	12	2	1	7	5	15
8	9	55	16	44	7	8	1	13	5	9	2	4	–	15
–	–	29	–	3	1	1	–	4	2	2	3	–	1	–
2	12	110	–	4	11	6	21	33	2	2	7	1	–	9
–	5	8	–	7	3	–	3	–	–	2	4	–	2	2
–	–	–	–	–	–	–	–	–	–	–	–	–	–	–
–	–	1	–	1	–	–	–	1	1	–	–	–	–	–
1	2	9	–	4	–	–	–	4	3	1	1	–	–	1

第9表　　　家事審判・調停事件の

事　　　件	山口	岡山	鳥取	松江	福岡	佐賀	長崎	大分	熊本	鹿児島
審　判　事　件	11 814	19 346	4 871	6 709	37 407	6 550	9 869	7 670	12 607	13 410
別　表　第　　　　一	11 600	18 981	4 765	6 648	36 411	6 425	9 660	7 489	12 286	13 208
後見開始の審判及びその取消し（別一1等）	352	588	165	170	1 061	227	222	206	372	316
保佐開始の審判・取消しなど（別一17等）	106	378	113	93	706	105	135	102	185	153
補助開始の審判・取消しなど（別一36等）	54	172	37	12	225	39	59	62	79	52
後見人等の選任（別一3等）	76	110	54	82	364	71	78	70	118	142
うち成年後見人の選任（別一3）	49	67	27	57	176	38	56	36	65	83
うち成年後見監督人の選任（別一6）	4	13	3	3	31	1	3	5	12	23
うち保佐人の選任（別一22）	7	15	9	10	26	7	6	10	13	12
うち保佐監督人の選任（別一26）	1	1	1	2	13	4	1	3	2	3
うち補助人の選任（別一41）	1	2	2	2	13	3	1	-	4	-
うち補助監督人の選任（別一45）	-	1	-	-	1	1	1	-	-	-
うち未成年後見人の選任（別一71）	14	11	11	8	101	16	10	16	19	19
うち未成年後見監督人の選任（別一74）	-	-	1	-	3	1	1	-	3	2
離縁後の未成年後見人の選任（別一70）	-	-	-	-	1	-	-	-	-	-
後見人等の辞任（別一4等）	60	113	41	63	236	59	56	61	98	99
後見人等の解任（別一5等）	10	11	6	7	30	5	7	2	6	4
うち職権によるもの	4	3	3	4	10	3	3	1	2	3
後見人の財産目録の作成の期間の伸長（別一9等）	4	2	-	-	6	-	1	-	-	-
後見人等の権限行使についての定め及びその取消し（別一10等）	82	91	44	22	248	73	59	46	74	54
居住用不動産の処分についての許可（別一11等）	73	151	29	35	387	28	56	56	92	53
特別代理人の選任（利益相反行為）（別一12等）	75	92	37	67	263	44	69	64	92	84
郵便物等の配達の嘱託（別一12の2）	20	25	6	8	66	2	10	5	15	18
郵便物等の配達の嘱託取消し等（別一12の2）	1	1	-	-	-	-	-	-	1	-
うち職権によるもの										
後見人等に対する報酬の付与（別一13等）	1 740	4 155	1 035	1 078	5 968	1 181	1 412	1 059	2 554	1 937
後見等監督処分（別一14等）	2 627	5 396	849	2 120	5 893	1 170	1 830	1 232	1 848	3 168
うち職権によるもの	2 616	5 395	849	2 118	5 885	1 164	1 829	1 231	1 847	3 160
第三者が子に与えた財産の管理者選任等（別一15等）	-	-	-	-	-	-	-	-	-	-
後見終了に伴う管理計算の期間の伸長（別一16等）	3	-	-	2	1	-	1	-	3	-
成年被後見人死亡後の事務（別一16の2）	13	25	16	21	56	20	18	2	17	17
臨時保佐人等の選任（利益相反行為）（別一25等）	2	4	3	1	4	1	1	1	-	1
不在者の財産の管理に関する処分（別一55）	76	110	21	55	340	74	163	167	294	186
失踪の宣告及びその取消し（別一56等）	20	30	5	13	75	4	28	11	29	43
夫婦の財産管理者変更・共有財産の分割（別一58）	-	-	-	-	-	-	-	-	-	-
特別代理人の選任（嫡出否認）（別一59）	-	-	-	-	-	-	-	-	-	-
子の氏の変更についての許可（別一60）	1 892	2 460	736	906	8 024	1 336	2 124	1 688	2 706	2 708
養子をするについての許可（別一61）	13	5	-	7	39	8	4	2	7	2
離縁をするについての許可（別一62）	28	35	10	15	102	10	19	24	21	12
特別養子縁組の成立及びその離縁に関する処分（別一63）	11	8	2	3	29	6	8	6	8	13
うち離縁に関する処分（別一64）	-	-	-	-	-	-	-	-	-	-
親権喪失,親権停止又は管理権喪失の審判及びその取消し（別一67等）	6	4	-	-	15	1	1	-	1	3
うち親権喪失の審判（別一67）	-	3	-	-	12	-	-	-	-	-
うち親権停止の審判（別一67）	6	1	-	-	3	1	1	-	1	3
うち管理権喪失の審判（別一67）	-	-	-	-	-	-	-	-	-	-
親権・管理権の辞任・回復（別一69）	-	-	2	-	5	-	-	-	-	1
扶養義務の設定及びその取消し（別一84等）	-	1	-	-	5	1	1	1	-	1
推定相続人の廃除及びその取消し（別一86等）	3	2	-	1	7	4	1	1	-	1
推定相続人廃除等に伴う遺産の管理に関する処分（別一88）	-	-	-	-	-	-	-	-	-	-
相続の承認又は放棄の期間の伸長（別一89）	69	114	35	31	266	60	61	61	79	88
相続財産の保存又は管理に関する処分（別一90）	1	8	-	3	6	4	-	7	3	3
相続の限定承認又は放棄の取消し（別一91）	-	-	-	2	-	-	-	1	2	-
相続の限定承認の申述受理（別一92）	4	8	1	1	31	3	7	3	6	6
鑑定人の選任（別一93）	-	2	-	-	4	-	-	-	-	-
相続の放棄の申述の受理（別一95）	3 204	3 647	1 178	1 423	9 025	1 444	2 575	1 916	2 661	3 212
相続財産の分離に関する処分（別一96）	-	-	-	-	-	-	-	-	-	-
相続財産管理に関する処分（財産分離）（別一97）	-	-	-	-	-	-	-	-	-	-
相続財産管理人選任等（相続人不分明）（別一99）	370	455	136	180	707	156	201	141	209	243
特別縁故者への相続財産の分与（別一101）	27	20	5	11	39	5	9	16	17	10
遺言書の確認（別一102）	1	-	-	1	-	9	4	2	1	3
遺言書の検認（別一103）	202	253	71	57	685	114	153	209	275	236
遺言執行者の選任（別一104）	48	37	12	8	93	11	19	24	37	41
遺言執行者に対する報酬の付与（別一105）	12	10	1	8	11	-	11	4	1	2
遺言執行者の解任及び辞任（別一106等）	-	3	-	1	2	1	1	1	2	-
遺言の取消し（別一108）	-	-	-	-	-	-	-	-	-	-
遺留分の放棄についての許可（別一110）	7	16	-	2	40	3	5	2	9	8
任意後見契約に関する法律関係（別一111等）	67	69	18	34	201	7	48	35	38	39
うち任意後見監督人の選任（別一111等）	10	7	2	2	43	1	7	9	8	6
うち任意後見監督処分（別一115）	27	31	4	17	60	-	17	5	2	15
うち任意後見監督人の辞任（別一116）	-	-	-	-	1	-	-	-	-	1
うち任意後見人等の解任（別一117等）	-	-	-	-	-	-	-	1	-	-
うち任意後見監督人に対する報酬の付与（別一119）	30	31	12	15	97	6	24	21	27	17
戸籍法による氏の変更についての許可（別一122）	151	225	59	69	731	95	138	138	192	163
戸籍法による名の変更についての許可（別一122）	59	106	19	27	279	39	41	43	89	64
就籍についての許可（別一123）	1	1	-	-	6	1	-	1	1	3
戸籍の訂正についての許可（別一124）	9	9	3	4	22	4	8	7	8	8
戸籍事件についての処分に対する不服（別一125）	-	1	-	-	-	-	-	-	-	-
性同一性障害者の性別の取扱いの特例に関する法律3条1項の事件（別一126）	8	20	2	2	51	3	4	6	10	6
児童福祉法28条1項の事件（別一127）	9	2	1	2	23	-	4	5	2	1
児童福祉法28条2項の事件（別一128）	-	-	5	1	2	-	2	-	5	-
引き続いての一時保護の承認（別一128の2）	-	-	1	-	9	-	6	-	16	1
生活保護法30条3項の事件（別一129）	-	-	-	-	-	-	-	-	-	-
心神喪失等の状態で重大な他害行為を行った者の医療及び観察等に関する法律23条の2第2項の事件（別一130）	2	4	1	-	10	-	-	-	3	3
破産法61条の事件（別一131等）	-	-	-	-	-	-	-	-	-	-
破産法238条の事件（別一133）	-	-	-	-	1	-	-	1	-	-
中小企業における経営の承継の円滑化に関する法律8条1項の事件（別一134）	-	-	1	-	2	-	-	-	-	-

事件別新受件数—家庭裁判所別（続き）

宮崎	那覇	仙台	福島	山形	盛岡	秋田	青森	札幌	函館	旭川	釧路	高松	徳島	高知	松山
9 801	11 032	14 606	13 477	8 370	8 326	5 960	11 127	22 971	3 279	5 121	6 252	7 475	5 601	6 223	8 826
9 666	10 779	14 261	13 169	8 296	8 167	5 862	10 931	22 322	3 237	4 989	6 129	7 291	5 447	6 164	8 641
300	360	338	296	190	262	137	265	556	100	130	196	195	202	188	243
158	101	154	167	59	121	36	120	401	74	116	142	111	136	72	155
91	24	33	38	24	32	23	21	119	35	73	48	35	63	40	52
93	139	121	107	73	90	48	103	197	45	78	85	72	52	83	102
53	85	57	50	35	51	21	65	83	24	30	43	33	32	42	66
8	2	17	19	4	7	3	5	38	7	3	7	18	3	5	3
9	12	12	8	4	5	2	11	21	2	17	17	5	6	8	10
–	1	4	1	1	5	–	–	4	1	3	–	1	–	3	4
1	2	2	1	1	3	–	2	6	1	13	4	–	1	4	2
1	1	–	1	–	–	1	–	2	–	2	–	–	–	4	2
21	36	29	24	26	19	19	15	40	9	10	14	14	10	17	15
–	–	–	3	2	–	2	5	3	1	–	–	1	–	–	–
–	–	–	–	–	–	1	–	–	–	–	–	–	–	–	–
50	68	81	62	43	48	37	81	133	29	61	74	60	44	59	70
12	20	8	10	6	13	3	6	13	3	4	1	4	–	4	6
5	15	7	8	4	5	2	1	2	1	–	1	1	–	2	4
–	–	1	3	–	–	–	1	–	–	–	3	–	–	1	3
24	44	117	100	42	98	10	77	86	7	17	32	51	1	52	38
59	46	84	48	43	28	22	51	267	24	41	69	41	25	41	61
55	127	140	120	71	76	48	54	192	23	39	58	43	34	44	71
11	23	22	16	12	17	6	11	24	2	2	14	15	4	15	13
–	1	–	–	–	–	–	–	–	–	–	–	–	–	–	–
1 742	1 455	1 755	1 674	1 419	1 168	700	1 533	3 585	453	877	1 143	1 401	1 176	1 154	1 579
2 292	1 861	3 267	2 953	2 127	972	1 106	2 573	4 733	349	968	677	1 208	594	901	721
2 288	1 859	3 264	2 947	2 127	969	1 105	2 573	4 731	349	968	677	1 202	594	898	719
–	–	1	4	–	–	–	–	2	–	–	1	2	–	–	1
7	22	21	25	44	27	19	28	48	6	8	5	11	17	21	21
2	7	3	1	1	2	2	1	1	1	1	–	–	3	–	–
86	179	188	197	25	94	62	86	176	19	50	45	56	31	64	61
10	64	31	33	4	27	23	21	55	12	14	19	19	15	16	26
–	–	–	–	–	–	–	–	–	–	–	–	–	–	–	–
1 914	2 793	3 008	2 582	1 139	1 565	1 074	1 726	4 163	627	933	1 483	1 385	1 015	937	1 876
12	9	22	24	–	3	3	4	19	1	5	5	6	6	11	6
13	25	33	41	32	25	19	23	35	8	1	10	22	14	12	28
3	9	16	13	9	5	4	5	16	1	3	5	7	6	1	12
–	5	7	1	2	–	–	1	9	1	7	–	–	1	5	1
–	1	3	–	–	–	–	–	4	–	3	–	–	1	–	–
–	2	3	1	2	–	–	–	5	1	4	–	–	–	5	1
–	–	–	–	2	–	–	–	–	–	1	–	–	–	–	–
–	1	1	1	–	–	–	3	–	–	–	–	–	2	–	–
3	–	6	1	2	–	–	–	7	–	–	1	1	–	1	3
65	60	109	84	67	67	42	71	157	20	43	42	70	37	66	71
–	1	2	1	2	9	3	8	7	4	1	6	1	–	3	4
–	1	1	–	1	–	–	–	–	–	–	–	3	–	–	3
6	4	4	8	2	2	1	4	19	–	5	5	7	4	1	9
–	2	–	1	–	–	–	2	4	–	1	3	2	1	2	–
2 053	2 571	3 600	3 645	2 339	2 928	2 002	3 472	5 677	1 149	1 191	1 596	1 879	1 512	1 887	2 630
–	–	–	–	–	–	–	–	–	–	–	–	–	–	–	–
124	159	316	256	223	214	178	209	453	94	114	134	177	153	148	266
4	14	17	17	9	3	6	1	14	–	5	4	26	10	18	10
–	–	2	2	2	–	–	1	3	1	–	–	–	1	–	1
148	62	320	227	116	116	88	116	362	54	60	78	147	119	101	233
14	9	30	67	17	12	8	26	63	16	7	8	21	16	20	30
4	1	3	7	8	2	1	2	16	2	–	2	7	1	4	7
1	1	–	3	2	1	1	–	3	5	–	–	–	1	–	1
11	1	21	9	1	2	1	5	14	2	–	–	8	3	5	9
80	8	108	79	31	21	12	13	145	–	27	9	17	17	21	16
9	5	17	9	4	1	–	1	20	–	1	3	4	7	3	4
34	–	47	42	17	8	6	7	59	–	12	–	7	–	4	–
–	–	–	1	–	1	–	–	2	–	1	–	–	–	–	–
34	3	44	26	9	10	6	5	64	–	13	6	6	10	14	12
165	267	166	164	67	82	94	137	323	44	64	87	116	84	78	141
34	150	75	45	23	22	23	35	173	16	35	24	49	31	51	43
3	51	7	9	3	4	9	9	18	6	5	5	6	4	8	11
–	–	–	3	–	–	–	–	–	–	–	–	–	–	–	1
4	19	14	4	3	2	4	6	15	3	2	2	6	12	–	1
5	7	3	13	6	1	2	9	6	–	–	1	1	1	10	3
2	–	1	2	1	–	–	3	3	–	–	–	–	–	1	–
4	4	3	1	1	2	3	7	6	–	–	5	–	2	15	–
–	–	–	3	2	1	–	1	–	–	–	–	–	–	2	–
–	–	–	–	–	–	–	–	–	–	–	1	1	–	–	1
2	–	1	–	–	3	–	2	2	–	–	1	–	–	–	1

第9表　家事審判・調停事件の

事　　件	全国総数	東京	横浜	さいたま	千葉	水戸	宇都宮	前橋	静岡	甲府
別　　表　　第　　二	19 185	2 081	1 355	961	974	397	231	281	475	115
夫婦の同居・協力扶助（別二 1 ）	37	13	2	2	2	1	–	–	–	–
婚姻費用の分担（別二 2 ）	3 074	404	272	148	190	72	33	54	87	25
子の監護者の指定その他の処分（別二 3 ）	9 527	978	615	487	529	218	111	131	236	59
うち監護者の指定	2 613	290	170	144	143	61	27	25	55	12
うち養育費請求	2 645	207	164	124	144	49	33	41	88	17
うち面会交流	1 979	240	124	85	127	48	27	38	46	17
うち子の引渡し	2 250	234	154	134	114	60	24	26	44	13
財産の分与に関する処分（別二 4 ）	390	38	27	21	17	9	3	4	10	3
祭祀の承継者の指定（別二 5 等）	80	19	10	6	1	–	–	–	–	–
離縁後の親権者の指定（別二 7 ）	1	–	–	–	–	–	–	–	–	–
親権者の指定又は変更（別二 8 ）	1 631	153	122	96	69	38	28	18	34	10
扶養に関する処分（別二 9 等）	140	16	10	5	10	1	–	5	1	–
遺産の分割に関する処分など（別二 12 等）	2 041	203	139	77	66	37	32	43	55	9
寄与分を定める処分（別二 14 ）	484	57	32	16	13	6	7	15	17	2
特別の寄与に関する処分（別二 15 ）	1									
請求すべき按分割合に関する処分（別二 16 ）	1 779	200	126	103	77	15	17	11	35	7
生活保護法 77 条 2 項の事件（別二 17 ）	–									
調　　停　　事　　件	136 358	15 945	9 304	7 400	6 479	2 990	2 135	2 027	4 101	883
別　　表　　第　　二	81 793	9 423	5 378	4 186	3 713	1 726	1 255	1 137	2 404	504
夫婦の同居・協力扶助（別二 1 ）	75	18	4	3	6	1	–	–	–	–
婚姻費用の分担（別二 2 ）	22 619	3 092	1 791	1 347	1 149	494	365	349	651	141
子の監護者の指定その他の処分（別二 3 ）	35 250	3 681	2 043	1 705	1 573	718	547	432	1 079	233
うち監護者の指定	2 431	321	146	128	126	51	35	19	48	9
うち養育費請求	17 648	1 496	1 002	857	805	377	311	222	584	116
うち面会交流	13 533	1 691	800	642	576	252	179	174	397	104
うち子の引渡し	1 576	168	92	78	64	38	20	15	48	3
財産の分与に関する処分（別二 4 ）	1 809	225	99	90	79	34	24	19	52	12
祭祀の承継者の指定（別二 5 等）	178	33	18	11	4	3	1	4	5	–
離縁後の親権者の指定（別二 7 ）	–	–	–	–	–	–	–	–	–	–
親権者の指定又は変更（別二 8 ）	5 930	422	380	281	259	146	92	64	159	35
扶養に関する処分（別二 9 等）	490	68	32	32	25	4	10	6	6	–
遺産の分割に関する処分など（別二 12 等）	13 801	1 739	886	653	551	294	201	230	411	70
寄与分を定める処分（別二 14 ）	574	44	53	24	22	10	4	19	12	5
特別の寄与に関する処分（別二 15 ）	4	–	1							
請求すべき按分割合に関する処分（別二 16 ）	1 063	101	71	40	45	22	11	14	29	8
生活保護法 77 条 2 項の事件（別二 17 ）	–									–
別　表　第　二　以　外	54 565	6 522	3 926	3 214	2 766	1 264	880	890	1 697	379
婚姻中の夫婦間の事件	43 492	5 028	3 207	2 559	2 163	1 021	731	701	1 357	295
婚姻外の男女間の事件	175	11	10	11	9	6	3	3	3	2
離婚その他男女関係解消に基づく慰謝料	437	31	26	22	14	12	5	8	17	2
親族間の紛争	2 068	241	138	133	122	48	28	24	66	13
合意に相当する審判事項	3 280	416	253	209	224	75	44	72	72	26
うち協議離婚無効・取消し	411	48	43	20	32	11	3	6	10	2
うち認知	1 406	155	91	81	74	35	23	39	29	10
うち嫡出否認	456	68	35	36	39	5	5	6	8	6
うち親子関係不存在確認	622	89	54	49	44	15	7	12	16	5
離縁	1 127	86	57	73	59	31	22	20	35	14
その他	3 986	709	235	207	175	71	47	62	147	27

事件別新受件数―家庭裁判所別（続き）

長野	新潟	大阪	京都	神戸	奈良	大津	和歌山	名古屋	津	岐阜	福井	金沢	富山	広島
233	188	1 357	420	910	248	254	198	1 195	249	214	89	228	145	511
–	–	3	–	1	1	–	–	3	–	–	–	–	–	–
26	35	194	68	191	43	49	29	178	62	29	14	35	16	78
135	81	649	190	454	116	136	105	530	99	122	50	122	78	240
46	25	214	50	105	36	26	30	133	16	34	10	29	26	65
24	23	174	60	130	36	55	41	131	33	32	28	52	18	85
25	12	98	49	118	22	30	11	143	32	25	4	22	13	35
40	21	161	31	93	22	25	23	121	18	31	8	19	20	55
1	2	33	15	15	–	5	1	39	5	4	2	4	4	14
1	–	5	3	6	2	–	–	4	1	–	–	1	–	–
–	–	–	–	–	–	–	–	–	–	–	–	–	–	–
21	21	123	41	56	19	20	25	81	20	19	5	11	15	25
1	5	13	4	9	1	1	3	9	–	1	1	–	1	4
27	18	139	53	90	38	23	18	102	30	18	14	32	13	53
5	1	26	8	18	7	2	4	50	6	5	1	11	5	13
–	–	–	–	–	–	–	–	–	–	–	–	–	–	–
16	25	172	38	70	21	18	13	199	26	16	2	12	13	84
–	–	–	–	–	–	–	–	–	–	–	–	–	–	–
2 056	**1 784**	**9 476**	**2 726**	**5 951**	**1 373**	**1 499**	**971**	**8 634**	**2 033**	**2 163**	**705**	**1 116**	**1 100**	**3 180**
1 171	1 063	5 826	1 699	3 611	882	928	628	5 130	1 204	1 277	412	709	610	2 010
–	–	9	2	–	1	–	1	7	–	1	3	1	1	–
282	274	1 672	428	1 067	273	260	155	1 543	330	348	105	149	167	524
556	508	2 442	715	1 515	351	439	273	2 140	540	583	187	347	270	889
47	32	173	44	92	21	28	16	115	25	38	16	28	24	61
296	274	1 197	343	719	174	213	172	1 023	298	277	116	183	134	497
185	182	946	299	637	143	177	76	920	194	239	44	121	105	291
28	20	125	29	55	13	19	9	79	23	29	11	15	6	40
21	18	138	42	74	9	21	20	146	25	30	6	12	17	51
1	2	9	8	7	3	2	1	8	2	2	–	2	–	7
–	–	–	–	–	–	–	–	–	–	–	–	–	–	–
77	89	462	108	271	68	73	62	378	91	60	27	52	26	172
5	7	31	12	26	3	4	9	48	4	4	1	2	2	6
200	143	965	352	583	165	111	97	769	198	226	79	118	110	320
8	8	26	13	31	4	7	2	39	1	5	–	13	4	32
3	–	–	–	–	–	–	–	–	–	–	–	–	–	–
18	14	72	19	37	5	11	8	52	13	18	4	13	13	9
–	–	–	–	–	1	–	–	3	–	–	–	–	–	–
885	**721**	**3 650**	**1 027**	**2 340**	**491**	**571**	**343**	**3 504**	**829**	**886**	**293**	**407**	**490**	**1 170**
722	605	2 893	781	1 899	423	473	274	2 764	671	704	250	335	387	916
2	3	14	6	11	2	5	1	10	2	2	2	–	1	2
8	5	34	7	19	1	4	5	20	9	5	2	3	5	16
39	19	107	74	75	17	13	9	95	29	47	13	15	22	54
39	35	237	54	123	13	34	24	272	41	61	7	19	25	60
5	3	21	9	24	2	3	1	32	5	9	1	3	4	7
25	13	97	23	51	7	22	16	129	30	26	4	10	16	25
2	6	33	5	19	1	3	1	38	3	4	2	2	–	8
4	12	46	7	15	3	5	4	47	2	14	–	2	2	12
26	11	83	19	58	11	9	7	81	21	18	8	7	9	38
49	43	282	86	155	24	33	23	262	56	49	11	28	41	84

28

第9表　家事審判・調停事件の

事　　件	山口	岡山	鳥取	松江	福岡	佐賀	長崎	大分	熊本	鹿児島
別　表　第　二	214	365	106	61	996	125	209	181	321	202
夫婦の同居・協力扶助（別二1）	-	1	-	-	-	2	-	-	-	-
婚姻費用の分担（別二2）	26	46	17	7	130	24	28	6	46	21
子の監護者の指定その他の処分（別二3）	96	169	46	26	533	61	104	103	173	107
うち監護者の指定	17	53	12	5	145	21	38	37	51	27
うち養育費請求	25	34	17	13	130	20	24	19	45	21
うち面会交流	33	36	6	3	124	8	12	15	40	33
うち子の引渡し	21	46	11	5	132	12	30	32	36	26
財産の分与に関する処分（別二4）	7	4	1	-	15	-	7	-	5	2
祭祀の承継者の指定（別二5等）	1	1	2	-	3	-	1	-	2	2
離縁後の親権者の指定（別二7）	-	-	-	-	-	-	-	-	-	-
親権者の指定又は変更（別二8）	12	46	14	10	99	3	15	21	28	27
扶養に関する処分（別二9等）	3	2	2	-	6	1	1	1	5	1
遺産の分割に関する処分など（別二12等）	32	51	19	15	103	22	25	9	42	22
寄与分を定める処分（別二14）	13	6	1	1	28	3	9	1	8	6
特別の寄与に関する処分（別二15）	-	-	-	-	-	-	-	1	-	-
請求すべき按分割合に関する処分（別二16）	24	39	4	2	79	9	19	39	12	14
生活保護法77条2項の事件（別二17）	-	-	-	-	-	-	-	-	-	-
調　停　事　件	1 476	2 242	641	560	6 079	795	1 311	1 289	2 009	1 805
別　表　第　二	957	1 412	423	336	3 789	470	803	812	1 248	1 241
夫婦の同居・協力扶助（別二1）	3	-	-	-	1	1	-	-	2	1
婚姻費用の分担（別二2）	193	380	86	67	915	129	174	164	284	210
子の監護者の指定その他の処分（別二3）	458	618	196	187	1 773	200	351	414	573	610
うち監護者の指定	35	53	10	13	114	9	37	53	44	19
うち養育費請求	231	296	109	96	888	100	167	198	315	328
うち面会交流	158	233	74	70	688	83	131	129	193	241
うち子の引渡し	31	35	3	8	80	8	14	33	21	21
財産の分与に関する処分（別二4）	21	46	11	6	76	17	23	16	34	30
祭祀の承継者の指定（別二5等）	-	2	3	-	4	1	-	1	2	5
離縁後の親権者の指定（別二7）	-	-	-	-	-	-	-	-	-	-
親権者の指定又は変更（別二8）	82	92	30	19	316	35	79	48	106	128
扶養に関する処分（別二9等）	7	8	5	-	20	1	3	6	9	7
遺産の分割に関する処分など（別二12等）	171	229	82	48	598	79	145	158	200	207
寄与分を定める処分（別二14）	1	18	2	-	23	1	8	-	10	10
特別の寄与に関する処分（別二15）	-	-	-	-	-	-	-	-	-	-
請求すべき按分割合に関する処分（別二16）	21	19	8	9	63	6	20	5	28	33
生活保護法77条2項の事件（別二17）	-	-	-	-	-	-	-	-	-	-
別　表　第　二　以　外	519	830	218	224	2 290	325	508	477	761	564
婚姻中の夫婦間の事件	405	641	176	171	1 853	280	409	379	606	467
婚姻外の男女間の事件	5	2	-	2	6	-	1	-	2	1
離婚その他男女関係解消に基づく慰謝料	4	6	3	3	22	3	4	6	5	7
親族間の紛争	32	35	6	10	93	4	22	28	27	20
合意に相当する審判事項	32	56	17	14	139	15	15	22	39	30
うち協議離婚無効・取消し	2	6	5	1	25	1	2	1	3	3
うち認知	15	21	6	9	59	8	10	10	19	15
うち嫡出否認	5	10	2	1	15	1	-	4	7	4
うち親子関係不存在確認	6	11	-	3	21	5	3	2	5	8
離　縁	5	24	6	4	41	3	15	6	16	6
そ　の　他	36	66	10	20	136	20	42	36	66	33

事件別新受件数—家庭裁判所別（続き）

宮崎	那覇	仙台	福島	山形	盛岡	秋田	青森	札幌	函館	旭川	釧路	高松	徳島	高知	松山
135	253	345	308	74	159	98	196	649	42	132	123	184	154	59	185
-	1	1	1	-	-	-	1	1	-	-	-	-	-	-	1
12	21	52	44	6	8	14	17	123	5	24	16	18	15	-	16
69	152	151	160	40	94	50	116	328	20	75	68	113	81	31	90
18	41	35	50	17	32	11	22	77	9	18	18	32	27	6	22
29	43	49	40	9	18	25	35	108	-	36	27	30	19	12	28
8	19	34	24	-	20	5	19	70	3	10	11	22	11	7	15
14	49	33	46	14	24	9	34	73	8	11	12	29	23	6	23
12	8	10	3	3	1	1	2	19	1	1	1	5	3	3	-
-	-	1	1	-	-	1	-	2	2	-	-	-	1	-	1
-	-	-	-	1	-	-	-	-	-	-	-	-	-	-	-
18	36	31	14	5	8	8	17	57	6	13	8	18	20	9	18
-	3	3	2	-	-	-	-	5	-	2	1	-	-	-	1
13	25	38	45	3	25	17	24	60	5	9	16	19	21	11	41
2	3	22	16	3	2	1	2	7	-	1	1	8	2	2	9
-	-	-	-	-	-	-	-	-	-	-	-	-	-	-	-
9	4	36	22	13	21	6	17	47	3	7	12	3	11	3	8
-	-	-	-	-	-	-	-	-	-	-	-	-	-	-	-
1 337	1 958	2 464	2 083	901	1 148	711	1 140	3 983	434	728	957	1 336	827	720	1 393
816	1 284	1 416	1 206	438	653	399	721	2 502	270	441	606	848	539	441	836
-	1	1	1	-	-	-	1	2	-	-	1	1	-	-	1
169	174	379	297	121	147	83	141	710	68	117	141	178	109	66	161
377	668	559	544	186	305	185	333	1 111	112	203	303	424	247	197	350
13	67	15	40	14	20	8	17	89	6	7	23	36	14	11	21
241	305	318	278	107	162	116	184	567	55	125	174	190	125	105	182
113	254	207	194	58	114	53	111	393	43	66	91	169	98	70	125
10	41	14	31	7	9	6	19	58	8	5	15	29	10	11	22
26	35	25	11	8	17	5	18	55	5	8	8	13	8	10	13
2	8	2	3	2	-	1	1	1	1	-	-	2	2	-	2
-	-	-	-	-	-	-	-	1	-	-	-	-	-	-	-
91	169	97	102	31	49	45	63	199	25	33	44	57	32	46	58
6	3	12	9	5	2	-	4	15	-	3	4	4	1	3	6
121	201	297	220	72	121	73	144	346	49	71	93	147	124	108	226
4	9	23	11	8	7	-	4	13	2	-	1	11	9	3	10
-	-	-	-	-	-	-	-	-	-	-	-	-	-	-	-
20	16	21	8	5	5	7	12	50	8	6	11	11	7	8	9
-	-	-	-	-	-	-	-	-	-	-	-	-	-	-	-
521	674	1 048	877	463	495	312	419	1 481	164	287	351	488	288	279	557
413	544	823	684	367	413	252	332	1 235	135	235	303	380	207	210	413
2	2	5	5	1	2	-	-	6	2	1	2	3	-	1	3
17	6	9	6	6	1	4	6	10	3	3	5	2	5	5	6
14	23	40	29	17	22	14	22	49	6	-	8	22	22	21	41
28	50	54	54	31	17	12	24	80	8	11	5	32	16	17	27
2	6	7	9	2	5	2	-	10	-	1	1	6	1	5	1
8	24	26	23	13	4	3	10	35	6	9	1	11	10	9	11
5	3	11	8	6	5	3	2	14	-	1	2	4	2	-	6
4	9	8	13	6	3	4	8	16	2	-	1	8	3	3	4
8	14	25	24	17	15	1	5	29	2	15	9	8	10	4	12
39	35	92	75	24	25	29	30	72	8	22	19	41	28	21	55

30

第10表　　　家事渉外事件の事件別新受件数―全家庭裁判所

事　　　　　件	件　　　数
総　　　　　数	10 119
審　判　事　件	5 799
別　表　第　一	5 087
後見開始の審判及びその取消し（別一 1等）	140
保佐開始の審判・取消しなど（別一 17等）	83
補助開始の審判・取消しなど（別一 36等）	27
後見人等の選任（別一 3等）	36
特別代理人の選任（利益相反行為）（別一 12等）	122
不在者の財産の管理に関する処分（別一 55）	373
失踪の宣告及びその取消し（別一 56等）	49
養子をするについての許可（別一 61）	404
特別養子縁組の成立及びその離縁に関する処分（別一 63等）	42
扶養義務の設定及びその取消し（別一 84等）	2
相続の限定承認の申述受理（別一 92）	23
相続の放棄の申述の受理（別一 95）	1 930
相続財産管理人選任等（相続人不分明）（別一 99）	107
遺言書の検認（別一 103）	104
遺言執行者の選任（別一 104）	20
任意後見契約に関する法律関係（別一 111等）	11
戸籍法による氏の変更についての許可（別一 122）	194
戸籍法による名の変更についての許可（別一 122）	81
就籍についての許可（別一 123）	17
戸籍の訂正についての許可（別一 124）	75
心神喪失等の状態で重大な他害行為を行った者の医療及び観察等に関する法律23条の2第2項の事件（別一 130）	1
そ　　の　　他	1 246
別　表　第　二	712
婚姻費用の分担（別二 2）	85
子の監護者の指定その他の処分（別二 3）	444
財産の分与に関する処分（別二 4）	17
親権者の指定又は変更（別二 8）	117
扶養に関する処分（別二 9等）	1
遺産の分割に関する処分など（別二 12等）	25
寄与分を定める処分（別二 14）	1
そ　　の　　他	22
調　停　事　件	4 320
別　表　第　二	1 910
婚姻費用の分担（別二 2）	517
子の監護者の指定その他の処分（別二 3）	990
財産の分与に関する処分（別二 4）	25
親権者の指定又は変更（別二 8）	221
扶養に関する処分（別二 9等）	12
遺産の分割に関する処分など（別二 12等）	130
寄与分を定める処分（別二 14）	5
そ　　の　　他	10
別　表　第　二　以　外	2 410
婚姻中の夫婦間の事件	1 717
合意に相当する審判事項	552
そ　　の　　他	141

（注）この表は前掲3，4表の内数表である。
　　　家事渉外事件とは家事審判，調停事件のうち，申立人，相手方，事件本人，参加人，被相続人，遺言者などの全部又は一部が外国人である事件をいう。

第11表　家事抗告事件の原裁判所別受付，既済，未済手続別件数—最高裁判所

原　裁　判　所 （高等裁判所）	受付			既							済	未
	総数	旧受	新受	総数	決		定		取下げ	その他		済
					棄却	却下	移送	破棄				
総　　数	431	37	394	376	371	–	–	1	3	1		55
東　京	211	13	198	185	182	–	–	–	3	–		26
大　阪	81	8	73	66	64	–	–	1	–	1		15
名　古　屋	45	5	40	39	39	–	–	–	–	–		6
広　島	24	3	21	24	24	–	–	–	–	–		–
福　岡	45	5	40	43	43	–	–	–	–	–		2
仙　台	10	3	7	9	9	–	–	–	–	–		1
札　幌	8	–	8	5	5	–	–	–	–	–		3
高　松	7	–	7	5	5	–	–	–	–	–		2

（注）この表は最高裁判所で取り扱った民事特別抗告及び許可抗告事件のうち，家庭裁判所を第一審とする事件についての表であり，原裁判所を家庭裁判所とする事件は含まない。

第12表　家事抗告事件の新受，既済，未済手続別件数—高等裁判所別

高　等　裁　判　所	新受	既					済					未
		総数	却下	棄却	取消し		移送	命令	取下げ	その他		済
					自判	差戻し						
総　　数	3 266	3 338	25	2 206	826	40	14	15	145	67		609
東　京	1 323	1 402	12	956	338	18	8	12	44	14		212
大　阪	622	631	6	374	207	10	–	2	25	7		90
名　古　屋	338	345	2	231	71	2	–	–	23	16		78
広　島	222	201	1	123	50	–	3	1	14	9		98
福　岡	395	376	1	285	62	2	1	–	11	14		83
仙　台	128	142	2	95	31	3	–	–	9	2		12
札　幌	141	135	1	83	39	2	2	–	8	–		18
高　松	97	106	–	59	28	3	–	–	11	5		18

（注）この表は高等裁判所で取り扱った民事抗告事件のうち，家庭裁判所を原審とする事件についての表である。

第13表　家事審判・調停事件の新受，既済，未済件数—高等裁判所別

高　等　裁　判　所	家　事　審　判　事　件			家　事　調　停　事　件		
	新受	既済	未済	新受	既済	未済
総　　数	5	7	1	75	71	5
東　京	3	4	–	13	10	3
大　阪	1	–	1	10	10	–
名　古　屋	–	2	–	19	18	1
広　島	–	–	–	9	9	–
福　岡	1	1	–	11	11	–
仙　台	–	–	–	3	4	–
札　幌	–	–	–	3	2	1
高　松	–	–	–	7	7	–

（注）この表は高等裁判所が第一審として行う家事審判事件及び高等裁判所における家事調停事件についての表である。

第 14 表　婚姻関係事件数―終局区分別

家　庭　裁　判　所	総数	認容 総数	認容 婚姻継続 別居	認容 婚姻継続 同居	却下	調停成立 総数	調停離婚	協議離婚届出	成立 婚姻継続 別居	成立 婚姻継続 同居
全　国　総　数	60 542	1 865	1 822	43	167	32 532	22 893	286	8 477	876
東京高裁管内総数	26 176	800	779	21	79	13 979	9 398	115	4 000	466
東　　　　京	7 365	219	215	4	28	3 965	2 443	55	1 307	160
横　　　　浜	4 542	180	170	10	20	2 361	1 605	22	667	67
さ い た ま	3 636	75	73	2	7	1 967	1 331	8	557	71
千　　　　葉	3 093	132	130	2	11	1 572	1 082	6	431	53
水　　　　戸	1 342	32	32	-	1	697	506	3	169	19
宇　都　宮	1 002	22	22	-	1	566	394	2	154	16
前　　　　橋	1 044	34	34	-	1	531	369	4	144	14
静　　　　岡	1 959	55	53	2	4	1 055	751	4	270	30
甲　　　　府	444	16	15	1	-	269	173	2	82	12
長　　　　野	919	16	16	-	2	513	378	6	115	14
新　　　　潟	830	19	19	-	4	483	366	3	104	10
大阪高裁管内総数	9 660	363	358	5	24	5 414	4 070	53	1 180	111
大　　　　阪	3 994	130	129	1	7	2 250	1 693	22	498	37
京　　　　都	1 173	30	30	-	4	646	465	9	142	30
神　　　　戸	2 751	118	116	2	8	1 509	1 126	11	340	32
奈　　　　良	628	37	37	-	1	366	279	4	78	5
大　　　　津	655	27	25	2	2	383	293	6	80	4
和　歌　山	459	21	21	-	2	260	214	1	42	3
名古屋高裁管内総数	6 948	205	200	5	22	3 819	2 643	43	1 055	78
名　古　屋	3 729	123	121	2	12	2 006	1 308	23	632	43
津	984	35	34	1	7	546	424	2	109	11
岐　　　　阜	941	17	17	-	1	567	399	9	148	11
福　　　　井	304	4	4	-	-	180	133	4	41	2
金　　　　沢	483	16	14	2	2	248	183	3	55	7
富　　　　山	507	10	10	-	-	272	196	2	70	4
広島高裁管内総数	3 210	105	104	1	9	1 673	1 153	21	468	31
広　　　　島	1 286	49	48	1	4	665	446	3	207	9
山　　　　口	567	15	15	-	3	291	187	9	86	9
岡　　　　山	938	30	30	-	1	479	336	8	128	7
鳥　　　　取	224	10	10	-	1	129	91	-	34	4
松　　　　江	195	1	1	-	-	109	93	1	13	2
福岡高裁管内総数	6 420	185	182	3	11	3 324	2 380	21	829	94
福　　　　岡	2 538	89	87	2	6	1 271	896	7	338	30
佐　　　　賀	347	15	15	-	1	190	125	1	56	8
長　　　　崎	502	18	18	-	1	262	196	2	54	10
大　　　　分	489	1	1	-	1	267	192	2	65	8
熊　　　　本	787	30	29	1	1	376	272	2	89	13
鹿　児　島	623	11	11	-	1	326	236	4	82	4
宮　　　　崎	468	8	8	-	-	277	211	2	52	12
那　　　　覇	666	13	13	-	1	355	252	1	93	9
仙台高裁管内総数	3 855	81	78	3	9	1 966	1 484	18	424	40
仙　　　　台	1 169	33	32	1	3	536	370	8	148	10
福　　　　島	903	28	28	-	2	475	369	3	90	13
山　　　　形	439	3	3	-	2	250	193	2	48	7
盛　　　　岡	537	5	4	1	1	324	252	1	67	4
秋　　　　田	347	8	7	1	-	171	132	1	35	3
青　　　　森	460	4	4	-	1	210	168	3	36	3
札幌高裁管内総数	2 647	101	96	5	7	1 413	1 036	12	331	34
札　　　　幌	1 719	68	63	5	5	922	672	8	218	24
函　　　　館	197	2	2	-	1	120	89	-	31	-
旭　　　　川	322	19	19	-	1	173	121	1	44	7
釧　　　　路	409	12	12	-	1	198	154	3	38	3
高松高裁管内総数	1 626	25	25	-	6	944	729	3	190	22
高　　　　松	525	8	8	-	3	309	226	-	78	5
徳　　　　島	313	10	10	-	2	168	131	-	32	5
高　　　　知	274	-	-	-	-	165	121	3	34	7
松　　　　山	514	7	7	-	1	302	251	-	46	5

一家庭裁判所別

調停不成立	調停をしない	調停に代わる審判	取下げ						当然終了
			総数	協議離婚成立	円満同居	金員の支払等の協議成立	話合いがつかない	その他・不詳	
10 360	488	2 375	12 597	2 343	630	676	1 373	7 575	158
4 685	239	837	5 485	924	283	303	662	3 313	72
1 553	52	320	1 201	159	37	45	108	852	27
932	46	111	879	161	48	53	87	530	13
586	33	88	872	160	37	43	79	553	8
552	49	90	681	103	31	30	88	429	6
189	11	45	366	81	27	28	75	155	1
120	5	45	243	36	13	21	24	149	–
173	13	26	264	54	30	9	49	122	2
308	15	47	466	74	31	40	91	230	9
68	4	9	76	21	4	1	10	40	2
112	6	31	235	39	18	15	25	138	4
92	5	25	202	36	7	18	26	115	–
1 684	74	317	1 758	290	61	68	73	1 266	26
706	35	131	726	107	18	11	28	562	9
219	13	60	197	34	4	7	10	142	4
508	14	75	510	78	24	20	10	378	9
98	3	7	115	25	4	5	3	78	1
82	6	33	121	22	6	8	16	69	1
71	3	11	89	24	5	17	6	37	2
1 166	79	305	1 330	260	67	68	170	765	22
693	56	139	695	136	38	30	84	407	5
162	10	47	175	31	10	14	19	101	2
123	6	22	198	34	8	14	17	125	7
36	3	19	59	22	–	4	11	22	3
90	1	34	87	18	9	1	13	46	5
62	3	44	116	19	2	5	26	64	–
498	18	137	763	138	32	55	57	481	7
214	8	32	310	47	16	14	17	216	4
79	5	23	151	28	3	18	12	90	–
144	3	63	218	40	11	18	18	131	–
36	1	8	38	12	1	2	6	17	1
25	1	11	46	11	1	3	4	27	2
983	48	338	1 521	364	80	76	192	809	10
400	13	130	629	126	27	31	91	354	–
32	–	19	89	17	4	4	14	50	1
78	5	24	113	23	6	3	13	68	1
77	4	23	112	26	8	6	11	61	5
149	7	41	180	56	11	16	21	76	3
88	1	34	162	40	14	5	15	88	–
55	3	20	105	29	3	5	13	55	–
104	15	47	131	47	7	6	14	57	–
661	12	205	911	159	61	63	122	506	10
226	6	69	293	37	13	17	33	193	3
149	1	50	196	43	22	9	29	93	2
62	2	17	100	20	8	6	19	47	3
66	–	23	118	24	3	5	18	68	–
73	–	12	82	16	7	3	15	41	1
85	3	34	122	19	8	23	8	64	1
458	8	158	495	116	23	28	55	273	7
306	7	103	303	65	16	17	30	175	5
29	–	12	33	8	2	3	7	13	1
59	–	13	57	11	1	2	2	41	–
64	1	30	102	32	4	6	16	44	1
225	10	78	334	92	23	15	42	162	4
74	5	25	99	26	3	4	13	53	2
52	2	15	64	15	7	3	8	31	–
19	3	20	67	19	3	4	7	34	–
80	–	18	104	32	10	4	14	44	2

第15表　婚姻関係事件数—終局区分別

申　立　人 / 申　立　て　の　趣　旨	総数	認容 総数	認容 婚姻継続 別居	認容 婚姻継続 同居	却下	調停成立 総数	調停成立 調停離婚	調停成立 協議離婚届出	調停成立 婚姻継続 別居	調停成立 婚姻継続 同居
総　　数	60 542	1 865	1 822	43	167	32 532	22 893	286	8 477	876
離　　婚	38 501	-	-	-	1	20 134	18 669	192	968	305
円　満　調　整	2 470	-	-	-	-	864	449	7	201	207
同居・協力扶助(別二1)	88	4	4	-	19	5	2	-	2	1
婚姻費用分担(別二2)	19 483	1 861	1 818	43	147	11 529	3 773	87	7 306	363
夫	16 502	184	183	1	89	7 776	6 543	75	967	191
離　　婚	13 366	-	-	-	-	6 504	6 049	64	292	99
円　満　調　整	1 391	-	-	-	-	450	259	5	110	76
同居・協力扶助(別二1)	63	2	2	-	16	2	1	-	1	-
婚姻費用分担(別二2)	1 682	182	181	1	73	820	234	6	564	16
妻	44 040	1 681	1 639	42	78	24 756	16 350	211	7 510	685
離　　婚	25 135	-	-	-	1	13 630	12 620	128	676	206
円　満　調　整	1 079	-	-	-	-	414	190	2	91	131
同居・協力扶助(別二1)	25	2	2	-	3	3	1	-	1	1
婚姻費用分担(別二2)	17 801	1 679	1 637	42	74	10 709	3 539	81	6 742	347

第16表　婚姻関係事件数—終局区分別審理期間及び 実施期日回数別—全家庭裁判所

審理期間 / 実施期日回数（審判＋調停）	総数	認容	却下	調停成立	調停不成立	調停をしない	調停に代わる審判	取下げ	当然終了
総　数	60 542	1 865	167	32 532	10 360	488	2 375	12 597	158
審　理　期　間									
1 月 以 内	3 310	14	1	770	94	10	270	2 126	25
3 月 以 内	15 751	119	13	8 237	2 274	150	256	4 649	53
6 月 以 内	20 479	388	49	11 551	3 922	199	752	3 577	41
1 年 以 内	15 954	872	72	9 179	3 081	104	804	1 813	29
2 年 以 内	4 772	429	30	2 657	937	20	280	409	10
2 年 を 超 え る	276	43	2	138	52	5	13	23	-
実　施　期　日　回　数									
0 回	4 399	13	5	-	8	87	266	3 960	60
1 回	8 361	69	12	4 526	928	93	258	2 442	33
2 回	12 660	149	23	6 994	2 726	125	419	2 207	17
3 回	11 158	262	26	6 548	2 138	92	437	1 644	11
4 回	7 782	324	25	4 686	1 488	43	296	907	13
5 回	5 443	274	26	3 302	1 022	14	234	563	8
6 ～ 10 回	9 458	656	44	5 727	1 788	32	414	785	12
11 ～ 15 回	1 117	99	6	649	231	2	45	81	4
16 ～ 20 回	139	17	-	81	28	-	5	8	-
21 回 以 上	25	2	-	19	3	-	1	-	-

申立人及び申立ての趣旨別—全家庭裁判所

調停不成立	調停をしない	調停に代わる審判	取下げ 総数	協議離婚成立	円満同居	金員の支払等の協議成立	話合いがつかない	その他・不詳	当然終了
10 360	488	2 375	12 597	2 343	630	676	1 373	7 575	158
9 688	337	1 536	6 729	1 651	398	83	883	3 714	76
670	43	23	860	41	100	16	195	508	10
-	2	-	57	3	1	2	18	33	1
2	106	816	4 951	648	131	575	277	3 320	71
4 314	170	571	3 361	526	202	91	530	2 012	37
3 892	133	485	2 332	445	150	22	369	1 346	20
421	21	16	476	28	47	8	108	285	7
-	2	-	41	1	-	1	10	29	-
1	14	70	512	52	5	60	43	352	10
6 046	318	1 804	9 236	1 817	428	585	843	5 563	121
5 796	204	1 051	4 397	1 206	248	61	514	2 368	56
249	22	7	384	13	53	8	87	223	3
-	-	-	16	2	1	1	8	4	1
1	92	746	4 439	596	126	515	234	2 968	61

第17表　婚姻関係事件数—夫の年齢別妻の年齢別—全家庭裁判所

妻の年齢	総数	18～19歳	20～24歳	25～29歳	30～34歳	35～39歳	40～44歳	45～49歳	50～54歳	55～59歳	60～64歳	65～69歳	70～74歳	75歳以上	不詳
総数	60 542	72	1 973	4 676	7 883	9 466	10 563	9 152	6 416	4 096	2 502	1 630	1 137	973	1
16 ～ 19 歳	209	45	128	22	3	4	1	4	-	-	-	-	-	-	-
20 ～ 24 歳	2 879	22	1 426	868	320	148	56	29	5	2	3	-	-	-	-
25 ～ 29 歳	6 043	1	318	2 779	1 683	722	349	119	44	15	8	1	4	-	-
30 ～ 34 歳	9 406	2	66	761	4 339	2 551	1 112	382	121	49	13	5	4	-	1
35 ～ 39 歳	10 362	2	26	185	1 168	4 526	2 899	1 085	295	103	38	22	5	8	-
40 ～ 44 歳	10 319	-	8	53	284	1 234	4 747	2 764	891	207	74	38	16	3	-
45 ～ 49 歳	8 440	-	1	5	65	228	1 198	3 989	2 148	560	152	59	24	11	-
50 ～ 54 歳	5 427	-	-	3	17	46	170	673	2 501	1 490	388	93	29	17	-
55 ～ 59 歳	3 080	-	-	-	4	6	29	86	355	1 440	902	191	46	21	-
60 ～ 64 歳	1 728	-	-	-	-	-	2	19	43	195	791	503	144	31	-
65 ～ 69 歳	1 297	-	-	-	-	-	-	2	9	31	107	601	449	98	-
70 ～ 74 歳	798	-	-	-	-	1	-	-	4	3	23	103	366	298	-
75 歳 以 上	554	-	-	-	-	-	-	-	-	1	3	14	50	486	-
不 詳	-	-	-	-	-	-	-	-	-	-	-	-	-	-	-

第18表　　婚姻関係事件数—終局区分別

調査命令	総数	認容 総数	認容 婚姻継続 別居	認容 婚姻継続 同居	却下	調停成立 総数	調停成立 調停離婚	調停成立 協議離婚届出	調停成立 婚姻継続 別居	調停成立 婚姻継続 同居
総数	60 542	1 865	1 822	43	167	32 532	22 893	286	8 477	876
有	14 637	44	44	–	7	8 008	6 486	68	1 316	138
無	45 905	1 821	1 778	43	160	24 524	16 407	218	7 161	738

第19表　　婚姻関係事件数—申立ての動機別

申立人	総数	性格が合わない	異性関係	暴力を振るう	酒を飲み過ぎる	性的不調和	浪費する	病気
夫	16 502	9 958	2 218	1 496	388	1 963	2 001	664
妻	44 040	17 242	6 800	9 039	2 774	2 893	4 298	801

（注）申立ての動機は，申立人の言う動機のうち主なものを3個まで挙げる方法で調査重複集計した。

調査命令の有無別―全家庭裁判所

調停不成立	調停をしない	調停に代わる審判	取下げ						当然終了
			総数	協議離婚成立	円満同居	金員の支払等の協議成立	話合いがつかない	その他・不詳	
10 360	488	2 375	12 597	2 343	630	676	1 373	7 575	158
3 534	115	595	2 308	446	143	87	336	1 296	26
6 826	373	1 780	10 289	1 897	487	589	1 037	6 279	132

申立人別―全家庭裁判所

精神的に虐待する	家庭を捨てて省みない	家族親族と折り合いが悪い	同居に応じない	生活費を渡さない	その他	不詳
3 326	910	2 162	1 468	704	3 340	696
11 094	3 194	2 850	748	12 943	4 630	2 817

第20表　婚姻関係事件数—終局区分別

婚姻期間	総数	認容 総数	認容 婚姻継続 別居	認容 婚姻継続 同居	却下	調停成立 総数	調停成立 調停離婚	調停成立 協議離婚届出	調停成立 婚姻継続 別居	調停成立 婚姻継続 同居
総　数	60 542	1 865	1 822	43	167	32 532	22 893	286	8 477	876
6 月 未 満	470	10	9	1	–	211	158	6	45	2
6 月 以 上	1 460	25	25	–	4	774	633	7	126	8
1 年 以 上	3 914	108	105	3	6	2 135	1 672	18	423	22
2 年 以 上	3 670	101	101	–	9	2 113	1 627	21	424	41
3 年 以 上	3 522	109	108	1	4	1 957	1 462	19	438	38
4 年 以 上	3 235	90	90	–	7	1 820	1 334	16	439	31
5 年 以 上	2 847	67	66	1	6	1 582	1 131	13	407	31
6 年 以 上	2 685	71	71	–	6	1 423	1 020	17	357	29
7 年 以 上	2 416	68	65	3	9	1 322	933	12	348	29
8 年 以 上	2 183	60	60	–	4	1 206	864	13	297	32
9 年 以 上	2 132	52	48	4	6	1 171	823	3	313	32
10 年 以 上	2 260	73	72	1	3	1 208	825	8	345	30
11 年 以 上	1 976	78	78	–	3	1 035	668	12	326	29
12 年 以 上	1 805	63	61	2	2	989	673	10	282	24
13 年 以 上	1 936	90	88	2	8	1 024	700	11	279	34
14 年 以 上	1 702	68	66	2	11	905	608	5	272	20
15 年 以 上	1 621	57	55	2	7	856	581	7	240	28
16 年 以 上	1 558	77	75	2	5	820	529	8	246	37
17 年 以 上	1 542	45	43	2	6	849	567	6	250	26
18 年 以 上	1 501	61	61	–	5	827	570	16	213	28
19 年 以 上	1 370	49	48	1	3	764	520	5	211	28
20 年 以 上	5 510	190	185	5	19	2 933	1 955	18	868	92
25 年 以 上	9 194	253	242	11	34	4 601	3 037	35	1 324	205
不 詳	33	–	–	–	–	7	3	–	4	–

婚姻期間別―全家庭裁判所

調停不成立	調停をしない	調停に代わる審判	取 下 げ						当然終了
			総数	協議離婚成立	円満同居	金員の支払等の協議成立	話合いがつかない	その他・不詳	
10 360	488	2 375	12 597	2 343	630	676	1 373	7 575	158
76	6	20	147	44	7	5	8	83	–
170	20	61	402	118	18	13	20	233	4
497	44	172	948	232	55	70	61	530	4
454	46	144	793	189	49	38	52	465	10
450	44	167	787	191	44	48	50	454	4
475	35	144	652	124	32	32	57	407	12
455	37	133	558	114	36	37	57	314	9
442	22	125	595	132	25	40	44	354	1
385	22	96	508	93	31	22	50	312	6
335	16	97	459	65	24	23	45	302	6
376	17	87	419	74	22	25	42	256	4
425	19	86	436	78	19	30	54	255	10
390	12	79	373	64	17	22	44	226	6
342	13	62	329	51	12	18	25	223	5
326	13	76	394	59	21	17	59	238	5
318	7	66	326	57	22	15	49	183	1
299	11	65	323	45	18	15	47	198	3
310	5	48	290	59	16	14	37	164	3
275	10	50	300	49	16	11	43	181	7
290	9	41	265	41	12	22	40	150	3
247	9	50	245	37	12	14	30	152	3
1 053	29	182	1 086	167	45	50	169	655	18
1 967	38	323	1 944	258	76	95	289	1 226	34
3	4	1	18	2	1	–	1	14	–

第21表　　婚姻関係事件数―終局区分別

同居・別居 別居期間	総数	認容 総数	認容 婚姻継続 別居	認容 婚姻継続 同居	却下	調停 総数	調停離婚	協議離婚届出	成立 婚姻継続 別居	成立 婚姻継続 同居
総数	60 542	1 865	1 822	43	167	32 532	22 893	286	8 477	876
同居	7 278	73	47	26	8	3 257	2 295	25	312	625
別居	52 367	1 771	1 756	15	157	28 866	20 302	256	8 082	226
2月未満	10 477	330	327	3	8	5 809	3 966	49	1 722	72
2月以上	4 804	140	139	1	3	2 718	1 877	29	789	23
3月以上	8 980	257	251	6	14	5 239	3 633	48	1 518	40
6月以上	9 662	324	321	3	21	5 536	3 857	49	1 591	39
1年以上	7 584	328	326	2	43	4 150	2 965	35	1 125	25
2年以上	3 088	128	128	-	22	1 582	1 129	17	425	11
3年以上	7 515	253	253	-	45	3 711	2 805	25	867	14
期間不詳	257	11	11	-	1	121	70	4	45	2
同居とも別居ともいえない	897	21	19	2	2	409	296	5	83	25

同居・別居及び別居期間別―全家庭裁判所

調停不成立	調停をしない	調停に代わる審判	取下げ						当然終了
			総数	協議離婚成立	円満同居	金員の支払等の協議成立	話合いがつかない	その他・不詳	
10 360	488	2 375	12 597	2 343	630	676	1 373	7 575	158
1 312	124	120	2 375	357	280	66	327	1 345	9
8 867	351	2 230	9 979	1 937	331	606	1 020	6 085	146
1 511	89	269	2 436	531	144	140	164	1 457	25
705	22	151	1 052	232	52	51	70	647	13
1 356	47	299	1 734	332	53	127	171	1 051	34
1 677	54	369	1 660	330	42	103	201	984	21
1 349	59	465	1 170	176	21	75	149	749	20
585	20	221	519	92	4	33	66	324	11
1 641	52	443	1 348	234	12	73	194	835	22
43	8	13	60	10	3	4	5	38	–
181	13	25	243	49	19	4	26	145	3

第 22 表　　婚姻関係事件数―実施期日回数別審理期間別―全家庭裁判所

審理期間	実施期日回数（審判＋調停）									
	総数	0回	1回	2回	3回	4回	5回	6〜10回	11〜15回	16〜20回	21回以上
総　　数	60 542	4 399	8 361	12 660	11 158	7 782	5 443	9 458	1 117	139	25
1 月 以 内	3 310	2 187	1 079	34	4	6	–	–	–	–	–
3 月 以 内	15 751	1 976	6 505	6 512	677	45	15	21	–	–	–
6 月 以 内	20 479	189	693	5 836	9 190	3 731	722	115	3	–	–
1 年 以 内	15 954	40	68	260	1 257	3 954	4 602	5 756	17	–	–
2 年 以 内	4 772	7	16	18	28	46	101	3 541	973	40	2
2 年を超える	276	–	–	–	2	–	3	25	124	99	23

第23表　「離婚」の調停成立又は調停に代わる審判事件のうち「子の親権者の定め」をすべき件数―親権者別―全家庭裁判所

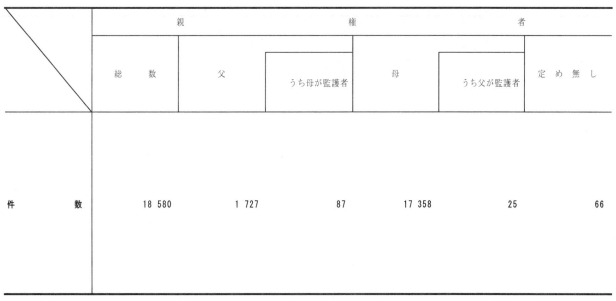

	親　　　　　　　　権　　　　　　　　者					
	総　数	父	うち母が監護者	母	うち父が監護者	定　め　無　し
件　　数	18 580	1 727	87	17 358	25	66

(注)　「離婚」の調停成立又は調停に代わる審判事件とは，調停離婚，協議離婚届出の調停成立又は調停に代わる審判による審判離婚の事件をいう。
　　　1件の終局事件について複数の未成年者がいる場合に，定めた親権者が異なることがあるため，総数以外の合計と総数は必ずしも一致するものではない。

第24表　「離婚」の調停成立又は調停に代わる審判事件のうち面会交流の取決め有りの件数―面会交流の回数等別―全家庭裁判所

	面　会　交　流　の　回　数　等								宿　　　泊	
総数	週1回以上	月2回以上	月1回以上	2、3箇月に1回以上	4～6箇月に1回以上	長期休暇中	別途協議	その他	有	無
件　　数	11 761	258	940	4 996	713	218	45	3 477	1 114	962	10 799

(注)　「離婚」の調停成立又は調停に代わる審判事件とは，調停離婚，協議離婚届出の調停成立又は調停に代わる審判による審判離婚の事件をいう。

第25表　「離婚」の調停成立又は調停に代わる の子有りの件数—夫から妻への養育

母が監護者となった 未成年の子の数	総数	うち 総数	支額 月額 総数	1万円以下	2万円以下	4万円以下	6万円以下	8万円以下	10万円以下	10万円を超える
総　　数	17 398	14 982	14 877	477	1 693	5 456	3 573	1 660	919	1 092
1　　人	9 048	7 649	7 580	242	908	3 292	1 815	691	285	341
2　　人	6 292	5 559	5 527	175	576	1 730	1 379	785	429	452
3　　人	1 723	1 504	1 501	48	170	366	343	142	181	251
4　　人	274	221	220	9	36	55	31	35	20	34
5　人　以　上	61	49	49	3	3	13	5	7	4	14

(注)　「離婚」の調停成立又は調停に代わる審判事件とは，調停離婚，協議離婚届出の調停成立又は調停に代わる審判による審判離婚の事件をいう。

第26表　婚姻関係事件のうち認容・調停 生活費支払の取決め有りの件数

支　払　者	総数	月額 総数	2万円以下	3万円以下	4万円以下	6万円以下	8万円以下	10万円以下	15万円以下	20万円以下	30万円以下	30万円を超える
総　　数	9 701	9 509	691	535	685	1 651	1 482	1 248	1 784	757	408	265
夫	9 529	9 341	660	512	663	1 623	1 464	1 231	1 765	754	405	262
妻	172	168	31	23	22	28	18	17	19	3	3	3

審判事件のうち母を監護者と定めた未成年
費支払額別子の数別―全家庭裁判所

額不定	払　者　が　夫								額不定
	総数	一　時　金							
		30万円以下	50万円以下	70万円以下	100万円以下	200万円以下	300万円以下	300万円を超える	
7	514	239	48	30	41	69	28	57	2
6	288	127	29	20	21	39	15	35	2
1	182	94	12	10	14	27	8	17	-
-	39	15	6	-	6	3	5	4	-
-	5	3	1	-	-	-	-	1	-
-	-	-	-	-	-	-	-	-	-

成立の内容が「婚姻継続」で婚姻費用・
―支払額別支払者別―全家庭裁判所

額不定	総数	一　時　金								額不定
		30万円以下	50万円以下	70万円以下	100万円以下	200万円以下	300万円以下	400万円以下	400万円を超える	
3	4 719	2 493	802	422	387	399	105	36	71	4
2	4 629	2 441	785	414	382	393	105	36	71	2
1	90	52	17	8	5	6	-	-	-	2

第27表 「離婚」の調停成立又は調停に代わる審判事件数―財産分与の支払額別婚姻期間別―全家庭裁判所

婚姻期間	総数	うち財産分与の取決め有り								
		総数	100万円以下	200万円以下	400万円以下	600万円以下	1000万円以下	2000万円以下	2000万円を超える	算定不能・総額が決まらず
総数	24 859	7 187	1 729	819	929	537	746	509	323	1 595
6月未満	180	17	9	4	2	-	-	-	-	2
6月以上	686	51	27	11	6	3	-	1	-	3
1年以上	1 819	216	141	30	26	1	2	3	-	13
2年以上	1 753	273	144	30	35	7	5	5	1	46
3年以上	1 607	288	149	43	35	9	8	3	2	39
4年以上	1 474	306	147	50	29	14	7	6	4	49
5年以上	1 242	287	121	37	42	9	18	9	4	47
6年以上	1 133	248	92	35	25	22	11	4	2	57
7年以上	1 006	258	101	37	31	13	11	6	5	54
8年以上	948	249	80	36	32	17	12	15	2	55
9年以上	892	251	57	28	40	18	23	8	3	74
10年以上	894	259	72	41	33	23	28	7	7	48
11年以上	733	260	44	52	26	19	20	18	7	74
12年以上	721	236	60	34	28	23	17	8	4	62
13年以上	760	254	56	33	30	21	34	18	7	55
14年以上	658	211	47	23	32	8	17	16	15	53
15年以上	632	197	38	23	32	16	16	15	6	51
16年以上	568	192	35	24	18	12	34	14	5	50
17年以上	609	207	38	18	32	15	36	14	9	45
18年以上	614	236	31	25	28	28	28	15	15	66
19年以上	557	226	39	21	45	18	28	12	10	53
20年以上	2 085	854	86	78	132	74	117	87	51	229
25年以上	3 284	1 611	115	106	190	167	274	225	164	370
不詳	4	-	-	-	-	-	-	-	-	-

(注) 「離婚」の調停成立又は調停に代わる審判事件とは，調停離婚，協議離婚届出の調停成立又は調停に代わる審判による審判離婚の事件をいう。

第28表　「離婚」の調停成立又は調停に代わる審判事件のうち財産分与の取決め有りの件数―支払額別支払者及び支払内容別―全家庭裁判所

支払者 内容	総数	100万円以下	200万円以下	400万円以下	600万円以下	1000万円以下	2000万円以下	2000万円を超える	総額が決まらず算定不能・
総　　数	7 187	1 729	819	929	537	746	509	323	1 595
支　払　者									
夫	6 154	1 405	688	796	480	676	473	311	1 325
妻	1 033	324	131	133	57	70	36	12	270
内　　容									
金　銭　等	4 019	1 348	631	713	383	400	270	149	125
不　動　産	1 309	61	44	75	67	170	99	42	751
動産・その他	663	191	45	18	2	7	-	3	397
金銭等・不動産	655	33	40	74	49	98	105	103	153
金銭等・動産他	281	87	48	43	24	25	13	7	34
不動産・動産他	144	4	2	3	8	23	8	7	89
金銭等・不動産・動産他	116	5	9	3	4	23	14	12	46

(注)「離婚」の調停成立又は調停に代わる審判事件とは，調停離婚，協議離婚届出の調停成立又は調停に代わる審判による審判離婚の事件をいう。

第29表　「離婚」の調停成立又は調停に代わる審判事件のうち請求すべき按分割合の取決めがあった件数―按分割合別―全家庭裁判所

	総数	50%	40%以上50%未満	30%以上40%未満	20%以上30%未満	10%以上20%未満	10%未満	申立てをしない旨の合意
件　　数	8 064	8 011	35	16	2	-	-	-

(注)「離婚」の調停成立又は調停に代わる審判事件とは，調停離婚，協議離婚届出の調停成立又は調停に代わる審判による審判離婚の事件をいう。

第 30 表　婚姻関係事件数《渉外》

家庭裁判所	総数	認容 総数	認容 婚姻継続 別居	認容 婚姻継続 同居	却下	調停成立 総数	調停成立 調停離婚	協議離婚届出	成立 婚姻継続 別居	成立 婚姻継続 同居
全　国　総　数	2 014	41	40	1	10	895	721	10	135	29
東京高裁管内総数	1 160	27	26	1	6	509	405	7	80	17
東京	441	18	18	–	5	176	131	6	32	7
横浜	224	1	–	1	–	126	110	1	13	2
さいたま	134	–	–	–	1	51	40	–	9	2
千葉	104	4	4	–	–	42	31	–	8	3
水戸	42	1	1	–	–	19	15	–	4	–
宇都宮	27	–	–	–	–	5	3	–	2	–
前橋	62	3	3	–	–	30	27	–	3	–
静岡	91	–	–	–	–	40	33	–	6	1
甲府	8	–	–	–	–	6	5	–	1	–
長野	17	–	–	–	–	10	6	–	2	2
新潟	10	–	–	–	–	4	4	–	–	–
大阪高裁管内総数	307	6	6	–	3	161	139	1	19	2
大阪	145	1	1	–	1	69	57	–	10	2
京都	26	–	–	–	–	11	6	–	5	–
神戸	104	3	3	–	2	71	66	1	4	–
奈良	9	1	1	–	–	3	3	–	–	–
大津	14	1	1	–	–	5	5	–	–	–
和歌山	9	–	–	–	–	2	2	–	–	–
名古屋高裁管内総数	302	3	3	–	–	125	106	1	14	4
名古屋	205	3	3	–	–	90	81	–	6	3
津	28	–	–	–	–	9	6	–	3	–
岐阜	35	–	–	–	–	14	10	1	2	1
福井	10	–	–	–	–	3	2	–	1	–
金沢	11	–	–	–	–	6	5	–	1	–
富山	13	–	–	–	–	3	2	–	1	–
広島高裁管内総数	70	2	2	–	–	32	19	–	10	3
広島	27	–	–	–	–	13	8	–	3	2
山口	17	–	–	–	–	7	4	–	3	–
岡山	22	2	2	–	–	9	6	–	3	–
鳥取	2	–	–	–	–	2	1	–	–	1
松江	2	–	–	–	–	1	–	–	–	–
福岡高裁管内総数	99	2	2	–	–	41	32	–	8	1
福岡	29	1	1	–	–	10	7	–	3	–
佐賀	1	–	–	–	–	–	–	–	–	–
長崎	8	1	1	–	–	1	1	–	2	–
大分	8	–	–	–	–	3	1	–	2	–
熊本	7	–	–	–	–	1	1	–	1	–
鹿児島	7	–	–	–	–	2	1	–	1	1
宮崎	3	–	–	–	–	1	–	–	–	1
那覇	36	–	–	–	–	23	21	–	2	–
仙台高裁管内総数	47	1	1	–	–	17	11	1	3	2
仙台	9	1	1	–	–	2	2	–	–	–
福島	16	–	–	–	–	5	3	1	–	1
山形	4	–	–	–	–	2	1	–	–	1
盛岡	6	–	–	–	–	2	–	–	2	–
秋田	4	–	–	–	–	2	2	–	–	–
青森	8	–	–	–	–	4	3	–	–	–
札幌高裁管内総数	17	–	–	–	1	7	6	–	1	–
札幌	14	–	–	–	1	6	5	–	1	–
函館	–	–	–	–	–	–	–	–	–	–
旭川	1	–	–	–	–	1	1	–	–	–
釧路	2	–	–	–	–	–	–	–	–	–
高松高裁管内総数	12	–	–	–	–	3	3	–	–	–
高松	5	–	–	–	–	–	–	–	–	–
徳島	1	–	–	–	–	1	1	–	–	–
高知	–	–	–	–	–	–	–	–	–	–
松山	6	–	–	–	–	2	2	–	–	–

（注）以下第 30～32 表は，前掲第 14～29 表のうち，渉外事件についての内数表である。ここにいう渉外事件とは，申立人，相手方の双方又は一方が外国人である場合をいう。

―終局区分別―家庭裁判所別

調停不成立	調停をしない	調停に代わる審判	取下げ 総数	協議離婚成立	円満同居	金員の支払等の協議成立	話合いがつかない	その他・不詳	当然終了
456	50	123	434	62	41	18	38	275	5
252	34	60	269	43	25	11	22	168	3
109	10	35	86	8	3	3	5	67	2
36	7	5	49	14	7	3	3	22	-
31	8	4	39	6	4	1	2	26	-
26	4	3	24	2	3	-	2	17	1
6	-	3	13	4	-	2	-	7	-
3	-	7	12	3	-	-	-	9	-
14	2	3	10	1	3	1	2	3	-
19	3	-	29	3	4	1	8	13	-
1	-	-	1	-	-	-	-	1	-
4	-	-	3	-	1	-	-	2	-
3	-	-	3	2	-	-	-	1	-
75	3	17	40	3	2	1	1	33	2
44	2	9	19	2	1	-	-	16	-
8	1	2	2	-	-	-	-	2	2
13	-	2	13	1	1	-	-	11	-
3	-	1	1	-	-	-	-	1	-
4	-	3	1	-	-	-	1	-	-
3	-	-	4	-	-	1	-	3	-
68	11	22	73	9	9	3	8	44	-
46	8	15	43	3	6	1	4	29	-
6	2	3	8	1	2	-	-	5	-
10	1	2	8	3	-	-	2	3	-
3	-	2	2	1	-	-	-	1	-
1	-	-	4	1	-	-	1	2	-
2	-	-	8	-	1	2	1	4	-
22	-	5	9	1	-	1	2	5	-
8	-	1	5	1	-	-	1	3	-
5	-	3	2	-	-	1	1	-	-
8	-	1	2	-	-	-	-	2	-
-	-	-	-	-	-	-	-	-	-
1	-	-	-	-	-	-	-	-	-
21	2	9	24	2	2	2	3	15	-
7	-	2	9	-	-	-	3	6	-
-	-	-	1	-	-	-	-	1	-
1	-	2	3	-	-	-	-	3	-
2	1	2	1	-	-	1	-	-	-
2	-	-	3	-	1	-	-	2	-
2	-	-	-	-	-	-	-	-	-
5	1	3	4	1	-	-	1	2	-
13	-	5	11	1	3	-	2	5	-
2	-	-	4	-	-	-	1	3	-
4	-	3	4	1	2	-	-	1	-
1	-	-	1	-	-	-	1	-	-
1	-	2	1	-	1	-	-	-	-
2	-	-	-	-	-	-	-	-	-
3	-	-	1	-	-	-	-	1	-
2	-	3	4	1	-	-	-	3	-
1	-	3	3	1	-	-	-	2	-
-	-	-	-	-	-	-	-	-	-
-	-	-	-	-	-	-	-	-	-
1	-	-	1	-	-	-	-	1	-
3	-	2	4	2	-	-	-	2	-
2	-	1	2	1	-	-	-	1	-
-	-	-	-	-	-	-	-	-	-
-	-	-	-	-	-	-	-	-	-
1	-	1	2	1	-	-	-	1	-

第31表　　婚姻関係事件数《渉外》—夫の国籍別妻の国籍別
—全家庭裁判所

妻の国籍等	夫 の 国 籍 等												
	総数	日本	米国	ベトナム	韓国	タイ	台湾	中国	朝鮮	フィリピン	ブラジル	ペルー	その他 1)
総　　数	2 014	855	116	210	165	4	4	159	5	24	103	65	304
日　本	526	…	80	3	104	2	3	69	4	16	19	8	218
米　国	38	13	23	-	-	-	-	-	-	-	-	-	2
ベトナム	230	22	-	207	-	1							
韓　国	185	127	1	-	55	-	-	1					1
タ　イ	35	30	-	-	-	1	-	-	-	-	1	1	2
台　湾	16	13	-	-	1								2
中　国	333	233	3	-	3	-	-	89					5
朝　鮮	5	4	-	-	-	-	-	-	1				-
フィリピン	319	298	4	-	1	-	-	-	-	8	3	1	4
ブラジル	101	20	1	-	-	-	-	-	-	-	70	4	6
ペ　ル　ー	64	4	-	-	-	-	-	-	-	-	10	47	3
その他 2)	162	91	4	-	1	-	1	-	-	-	-	4	61

1)　夫の国籍等—アイルランド2件，アフガニスタン2件，アルゼンチン3件，イエメン1件，イギリス20件，イタリア15件，イラン16件，インド20件，インドネシア12件，ウガンダ1件，ウズベキスタン2件，エジプト5件，エチオピア1件，オーストリア1件，オーストラリア12件，オランダ2件，ガーナ2件，カナダ14件，カメルーン2件，カンボジア14件，ギニア2件，キューバ1件，ギリシャ2件，コスタリカ1件，コロンビア1件，コンゴ1件，シェラレオネ1件，ジョージア1件，シリア1件，スイス2件，スウェーデン3件，スーダン1件，スリランカ6件，セルビア1件，タンザニア2件，チェコ4件，チュニジア1件，デンマーク3件，ドイツ3件，ドミニカ2件，トルコ9件，ナイジェリア8件，ニュージーランド2件，ネパール8件，パキスタン16件，パラグアイ3件，ハンガリー3件，バングラデシュ8件，フィジー1件，フランス18件，ベネズエラ1件，ベルギー4件，ポーランド2件，ボリビア5件，マケドニア2件，マレーシア2件，ミャンマー2件，モロッコ4件，ラオス6件，リトアニア3件，リベリア1件，ルーマニア1件，レバノン3件，ロシア6件．

2)　妻の国籍等—アゼルバイジャン1件，アフガニスタン2件，アルゼンチン3件，イギリス10件，イタリア4件，イラン5件，インドネシア10件，ウクライナ1件，ウズベキスタン5件，エチオピア2件，オーストラリア1件，オランダ1件，カナダ6件，カンボジア14件，キューバ2件，キルギス1件，コロンビア3件，シリア1件，シンガポール1件，スウェーデン1件，スペイン3件，スリランカ1件，スロベニア2件，タンザニア2件，チェコ1件，チリ1件，ドイツ2件，トルコ3件，ドミニカ1件，ネパール5件，パキスタン2件，パラグアイ1件，バングラディッシュ4件，フランス3件，ブルキナファソ1件，ポーランド6件，ボリビア3件，マレーシア4件，メキシコ5件，モロッコ4件，モンゴル6件，ラオス5件，リトアニア2件，ルーマニア2件，ロシア18件，無国籍1件．

第32表　　婚姻関係事件数《渉外》—申立ての動機別申立人別
　　　　　　—全家庭裁判所

申　立　人	総数	性格が合わない	異性関係	暴力を振るう	酒を飲み過ぎる	性的不調和	浪費する	病気	精神的に虐待する	家庭を捨てて省みない	家族親族と折り合いが悪い	同居に応じない	生活費を渡さない	その他	不詳
夫	643	394	81	78	14	59	68	10	86	44	41	58	29	125	29
妻	1 371	579	225	373	103	80	81	9	310	76	54	34	346	124	77

（注）申立ての動機は，申立人の言う動機のうち主なものを3個まで挙げる方法で調査重複集計した。

第33表　　離婚後の財産分与事件数—終局区分別申立人別
　　　　　　—全家庭裁判所

申　立　人	総数	認容	却下	調停成立	調停不成立	調停をしない	調停に代わる審判	取下げ	当然終了
総　　数	1 691	176	37	984	2	26	34	424	8
夫	475	37	23	271	1	17	9	114	3
妻	1 216	139	14	713	1	9	25	310	5

第 34 表　　離婚後の財産分与事件のうち認容・調停成立件数
—支払額別婚姻期間別—全家庭裁判所

婚姻期間	総数	財産分与の取決め有り									取決め無し
		総数	100万円以下	200万円以下	400万円以下	600万円以下	1000万円以下	2000万円以下	2000万円を超える	算定不能・総額が決まらず	
総　　数	1 160	1 010	268	139	165	86	121	90	36	105	150
6　月　未　満	6	5	2	–	2	–	1	–	–	–	1
6　月　以　上	8	8	4	1	–	–	1	1	1	–	–
1　年　以　上	20	17	8	4	2	–	–	2	–	1	3
2　年　以　上	25	20	10	2	3	1	2	–	–	2	5
3　年　以　上	22	19	15	3	–	–	1	–	–	–	3
4　年　以　上	42	32	17	6	4	1	–	–	–	4	10
5　年　以　上	37	27	13	5	2	1	–	2	1	3	10
6　年　以　上	40	32	13	6	4	1	3	1	1	3	8
7　年　以　上	34	27	9	2	7	3	1	2	–	3	7
8　年　以　上	42	34	10	3	7	3	6	1	–	4	8
9　年　以　上	63	58	19	10	5	5	6	5	–	8	5
10　年　以　上	40	34	15	4	6	3	1	1	–	4	6
11　年　以　上	39	34	12	5	1	3	3	–	2	8	5
12　年　以　上	34	31	7	6	5	2	3	4	2	2	3
13　年　以　上	50	43	11	2	10	6	6	1	2	5	7
14　年　以　上	39	31	9	8	5	1	2	4	–	2	8
15　年　以　上	48	40	10	7	5	3	4	4	3	4	8
16　年　以　上	49	45	10	5	8	7	8	3	–	4	4
17　年　以　上	41	38	7	6	13	–	2	4	1	5	3
18　年　以　上	38	32	7	5	6	5	3	2	2	2	6
19　年　以　上	36	29	5	1	8	1	5	3	3	3	7
20　年　以　上	148	133	22	15	29	8	18	15	6	20	15
25　年　以　上	253	236	32	32	33	32	44	33	12	18	17
不　　詳	6	5	1	1	–	–	1	2	–	–	1

(注)「取決め無し」とは，離婚後の財産分与の請求をしたが，「財産分与をしない」という取決めがあったものをいう。

第 35 表　　離婚後の財産分与事件数—終局区分別実施期日回数別
—全家庭裁判所

実施期日回数（審判＋調停）	総数	認容	却下	調停成立	調停不成立	調停をしない	調停に代わる審判	取下げ	当然終了
総　　数	1 691	176	37	984	2	26	34	424	8
0　　回	98	–	4	–	–	1	3	86	4
1　　回	208	8	–	115	–	5	3	77	–
2　　回	219	8	1	132	1	4	7	66	–
3　　回	214	8	7	135	–	7	2	55	–
4　　回	194	14	7	121	–	3	4	44	1
5　　回	160	10	3	107	1	2	4	31	2
6　～　10　回	427	64	8	291	–	3	8	52	1
11　～　15　回	120	40	7	60	–	–	3	10	–
16　～　20　回	34	15	–	15	–	1	–	3	–
21　回　以　上	17	9	–	8	–	–	–	–	–

第 36 表　離婚後の財産分与事件のうち認容・調停成立の内容が財産分与の取決め有りの件数—支払額別支払内容別—全家庭裁判所

内　　　　　容	総数	100万円以下	200万円以下	400万円以下	600万円以下	1000万円以下	2000万円以下	2000万円を超える	総額が決まらず算定不能・
総　　　　　数	1 010	268	139	165	86	121	90	36	105
金　　銭　　等	698	221	110	136	67	74	62	16	12
不　　動　　産	139	11	9	12	9	24	12	7	55
動 産 ・ そ の 他	36	17	1	1	-	-	-	1	16
金 銭 等 ・ 不 動 産	94	15	7	9	8	20	10	11	14
金 銭 等 ・ 動 産 他	28	3	11	4	1	2	2	1	4
不 動 産 ・ 動 産 他	7	-	-	3	-	1	2	-	1
金銭等・不動産・動産他	8	1	1	-	1	-	2	-	3

第 37 表　離婚後の請求すべき按分割合に関する処分事件のうち按分割合の取決めがあった件数—終局区分別按分割合別—全家庭裁判所

終　局　区　分	総数	50%	40%以上50%未満	30%以上40%未満	20%以上30%未満	10%以上20%未満	10%未満	申立てをしない旨の合意
全　件　数	2 327	2 287	32	7	-	-	-	1
認　　容	1 574	1 568	5	1	-	-	-	-
調　停　成　立	753	719	27	6	-	-	-	1

第38表　　　　　　子の監護事件数―終局区分別―家庭裁判所別

家 庭 裁 判 所	総数	認容	却下	調停成立	調停をしない	調停に代わる審判	取下げ	当然終了
全 国 総 数	34 785	3 458	1 467	18 761	468	1 729	8 733	169
東 京 高 裁 管 内 総 数	12 995	1 352	562	6 889	207	614	3 323	48
東 京 浜	3 558	337	148	1 942	40	223	853	15
横 浜	2 075	266	100	1 043	37	86	533	10
さ い た ま	1 716	166	80	907	41	75	437	10
千 葉	1 566	202	76	787	38	51	406	6
水 戸	756	75	20	366	11	44	239	1
宇 都 宮	523	43	16	282	9	32	141	–
前 橋	449	47	7	254	10	14	115	2
静 岡	1 054	101	48	571	10	48	273	3
甲 府	281	23	16	176	–	8	58	–
長 野	558	59	25	298	7	20	149	–
新 潟	459	33	26	263	4	13	119	1
大 阪 高 裁 管 内 総 数	5 579	608	211	2 939	85	280	1 412	44
大 阪	2 212	217	69	1 236	37	103	534	16
京 都	733	55	15	399	16	68	177	3
神 戸	1 563	173	72	774	25	57	442	20
奈 良	365	60	13	177	–	20	95	–
大 津	451	66	31	221	4	25	103	1
和 歌 山	255	37	11	132	3	7	61	4
名 古 屋 高 裁 管 内 総 数	3 968	415	160	2 183	54	165	969	22
名 古 屋	2 066	197	78	1 139	41	63	542	6
津	480	56	15	265	1	24	115	4
岐 阜	557	53	21	333	4	25	117	4
福 井	205	24	11	103	4	14	46	3
金 沢	356	67	10	176	–	26	73	4
富 山	304	18	25	167	4	13	76	1
広 島 高 裁 管 内 総 数	2 393	209	109	1 295	25	123	608	24
広 島	905	78	43	500	7	29	235	13
山 口	460	40	24	230	3	29	128	6
岡 山	687	69	26	359	9	48	171	5
鳥 取	156	15	13	84	2	5	37	–
松 江	185	7	3	122	4	12	37	–
福 岡 高 裁 管 内 総 数	4 827	420	220	2 674	41	237	1 219	16
福 岡	1 742	183	86	933	16	110	408	6
佐 賀	233	25	4	109	5	13	77	–
長 崎	425	29	31	223	1	11	128	2
大 分	385	21	13	227	5	20	98	1
熊 本	581	70	31	309	–	23	148	–
鹿 児 島	530	18	25	319	4	16	147	1
宮 崎	332	25	15	207	–	15	70	–
那 覇	599	49	15	347	10	29	143	6
仙 台 高 裁 管 内 総 数	2 146	179	100	1 191	15	128	524	9
仙 台	528	60	28	289	6	43	96	6
福 島	485	29	26	261	7	25	136	1
山 形	240	12	4	132	1	23	68	–
盛 岡	352	30	20	202	–	14	86	–
秋 田	189	16	6	108	–	3	54	2
青 森	352	32	16	199	1	20	84	–
札 幌 高 裁 管 内 総 数	1 698	164	70	950	27	102	380	5
札 幌	1 055	108	39	582	16	84	223	3
函 館	120	–	5	73	1	4	35	2
旭 川	223	35	23	117	5	5	38	–
釧 路	300	21	3	178	5	9	84	–
高 松 高 裁 管 内 総 数	1 179	111	35	640	14	80	298	1
高 松	418	39	8	253	5	31	81	1
徳 島	242	34	15	107	6	25	55	–
高 知	193	11	2	114	1	14	51	–
松 山	326	27	10	166	2	10	111	–

第39表　　子の監護事件数―終局区分別審理期間及び実施期日回数別 ―全家庭裁判所

審　理　期　間 実　施　期　日　回　数 （　審　判　＋　調　停　）	総 数	認 容	却 下	調 停 成 立	調 停 を し な い	調 停 に 代 わ る 審 判	取 下 げ	当 然 終 了
総　　　　　数	34 785	3 458	1 467	18 761	468	1 729	8 733	169
審　理　期　間								
1　月　以　内	1 533	13	14	641	18	4	833	10
3　月　以　内	7 979	257	65	5 229	58	175	2 172	23
6　月　以　内	10 356	781	374	5 835	162	600	2 542	62
1　年　以　内	10 042	1 398	704	4 813	176	662	2 242	47
2　年　以　内	4 415	875	289	2 060	52	263	855	21
2　年　を　超　え　る	460	134	21	183	2	25	89	6
実　施　期　日　回　数								
0　　　　　回	1 833	42	41	-	54	24	1 633	39
1　　　　　回	5 420	261	149	3 409	34	176	1 371	20
2　　　　　回	6 802	368	250	4 083	85	377	1 610	29
3　　　　　回	5 859	588	229	3 339	98	379	1 213	13
4　　　　　回	4 150	516	247	2 246	64	225	840	12
5　　　　　回	3 197	443	171	1 639	45	191	694	14
6　～　10　回	6 156	919	333	3 319	82	289	1 182	32
11　～　15　回	1 130	263	43	602	6	56	150	10
16　～　20　回	206	52	4	110	-	12	28	-
21　回　以　上	32	6	-	14	-	-	12	-

第40表　　子の監護事件数―実施期日回数別審理期間別
―全家庭裁判所

審　理　期　間	総数	実施期日回数（審判＋調停）									
		0 回	1 回	2 回	3 回	4 回	5 回	6〜10 回	11〜15 回	16〜20 回	21 回以上
総　　　数	34 785	1 833	5 420	6 802	5 859	4 150	3 197	6 156	1 130	206	32
1　月　以　内	1 533	785	695	30	14	9	-	-	-	-	-
3　月　以　内	7 979	649	3 929	2 902	397	55	26	21	-	-	-
6　月　以　内	10 356	221	573	3 376	4 116	1 571	396	90	13	-	-
1　年　以　内	10 042	126	178	425	1 246	2 425	2 630	2 991	20	1	-
2　年　以　内	4 415	43	44	66	84	87	139	3 022	877	52	1
2 年 を 超 え る	460	9	1	3	2	3	6	32	220	153	31

第41表　子の監護事件数―終局区分別申立ての趣旨別調査命令の有無別―全家庭裁判所

申立ての趣旨	総数	認容	却下	調停成立	調停をしない	調停に代わる審判	取下げ	当然終了
養育費・扶養料	16 575	1 482	302	10 539	234	1 181	2 789	48
調査命令有り	1 570	73	7	849	39	316	284	2
調査命令無し	15 005	1 409	295	9 690	195	865	2 505	46
面会交流	12 034	949	201	7 094	210	481	3 063	36
調査命令有り	9 583	740	149	5 720	160	434	2 350	30
調査命令無し	2 451	209	52	1 374	50	47	713	6
子の引渡し	2 833	310	624	389	14	19	1 435	42
調査命令有り	2 261	277	565	263	7	16	1 092	41
調査命令無し	572	33	59	126	7	3	343	1
監護者の指定	3 511	745	356	792	10	48	1 517	43
調査命令有り	2 751	673	301	556	7	30	1 147	37
調査命令無し	760	72	55	236	3	18	370	6

（注）申立ての趣旨が2種類以上にわたる場合には重複計上してある。

第42表　子の監護事件のうち認容・調停成立の
（父が支払者）の件数—支払額別子の

子 の 性 別 年 齢	総数	支　払　額								
		総数	月　額							
			総数	1万円以下	2万円以下	4万円以下	6万円以下	8万円以下	10万円以下	10万円を超える
総　　　数	11 331	10 759	10 434	1 373	3 362	4 139	967	283	117	191
0　　歳	600	592	589	39	156	311	59	10	7	7
1　　歳	551	543	540	49	149	256	57	15	4	10
2　　歳	595	582	580	69	186	267	41	8	3	6
3　　歳	581	554	549	69	214	225	25	10	1	5
4　　歳	589	561	551	72	210	217	41	7	2	2
5　　歳	668	641	629	98	246	234	33	12	1	5
6 ～ 9　歳	2 577	2 435	2 399	382	887	894	156	38	16	26
10 ～ 14　歳	2 809	2 629	2 557	380	828	1 000	227	60	26	36
15 ～ 19　歳	2 251	2 115	1 964	213	471	702	316	119	54	87
20　歳　以　上	110	107	76	2	15	33	12	4	3	7
男	5 685	5 391	5 237	663	1 695	2 088	488	139	58	105
0　　歳	317	314	313	21	84	167	28	7	4	2
1　　歳	290	287	284	22	86	135	23	11	2	5
2　　歳	320	311	309	37	87	153	22	5	1	4
3　　歳	293	279	275	36	103	112	15	5	1	3
4　　歳	294	282	280	29	113	112	20	3	1	2
5　　歳	315	298	294	50	112	105	20	5	-	2
6 ～ 9　歳	1 248	1 171	1 160	180	442	432	70	13	6	17
10 ～ 14　歳	1 453	1 354	1 318	186	421	521	129	27	12	22
15 ～ 19　歳	1 097	1 038	964	101	238	333	157	60	30	44
20　歳　以　上	58	57	40	1	9	18	4	3	1	4
女	5 646	5 368	5 197	710	1 667	2 051	479	144	59	86
0　　歳	283	278	276	18	72	144	31	3	3	5
1　　歳	261	256	256	27	63	121	34	4	2	5
2　　歳	275	271	271	32	99	114	19	3	2	2
3　　歳	288	275	274	33	111	113	10	5	-	2
4　　歳	295	279	271	43	97	105	21	4	1	-
5　　歳	353	343	335	48	134	129	13	7	1	3
6 ～ 9　歳	1 329	1 264	1 239	202	445	462	86	25	10	9
10 ～ 14　歳	1 356	1 275	1 239	194	407	479	98	33	14	14
15 ～ 19　歳	1 154	1 077	1 000	112	233	369	159	59	24	43
20　歳　以　上	52	50	36	1	6	15	8	1	2	3

内容が養育費・扶養料支払の取決め有り
性別及び年齢別―全家庭裁判所

	者		が			時		金 父	
		一							
額不定	総数	30万円以下	50万円以下	70万円以下	100万円以下	200万円以下	300万円以下	300万円を超える	額不定
2	3 213	2 313	342	163	149	154	40	47	5
-	259	205	25	15	8	2	1	3	-
-	209	148	25	7	14	11	2	2	-
-	189	145	16	18	4	6	-	-	-
-	168	139	14	3	4	4	-	4	-
-	168	129	18	6	3	8	-	3	1
-	163	127	18	7	5	3	-	2	1
-	629	489	57	27	26	16	7	6	1
-	681	494	79	30	26	37	5	10	-
2	692	406	88	45	54	60	21	16	2
-	55	31	2	5	5	7	4	1	-
1	1 600	1 176	153	79	77	70	16	28	1
-	141	116	9	10	4	-	1	1	-
-	106	70	12	5	11	5	1	2	-
-	101	76	8	9	3	5	-	-	-
-	89	73	7	1	4	2	-	2	-
-	83	67	8	2	1	4	-	1	-
-	66	53	7	3	1	1	-	1	-
-	305	239	32	11	12	5	2	4	-
-	349	262	34	13	15	17	2	6	-
1	332	202	36	24	24	26	9	10	1
-	28	18	-	1	2	5	1	1	-
1	1 613	1 137	189	84	72	84	24	19	4
-	118	89	16	5	4	2	-	2	-
-	103	78	13	2	3	6	1	-	-
-	88	69	8	9	1	1	-	-	-
-	79	66	7	2	-	2	-	2	-
-	85	62	10	4	2	4	-	2	1
-	97	74	11	4	4	2	-	1	1
-	324	250	25	16	14	11	5	2	1
-	332	232	45	17	11	20	3	4	-
1	360	204	52	21	30	34	12	6	1
-	27	13	2	4	3	2	3	-	-

第43表　子の監護事件のうち認容・調停成立件数―

子の性別年齢	総数	面会交流の回数等							その他	宿泊	
		週1回以上	月2回以上	月1回以上	2、3箇月に1回以上	4～6箇月に1回以上	長期休暇中	別途協議		有	無
総　数	8 043	150	792	3 568	1 078	313	91	756	1 295	1 298	6 745
0　歳	174	3	16	87	37	5	－	9	17	5	169
1　歳	435	6	63	238	64	8	－	22	34	38	397
2　歳	581	6	78	313	96	19	2	21	46	71	510
3　歳	681	26	88	344	104	21	5	30	63	92	589
4　歳	674	18	81	354	79	23	8	50	61	111	563
5　歳	706	14	81	355	109	20	8	35	84	148	558
6 ～ 9 歳	2 626	50	252	1 200	348	110	38	214	414	525	2 101
10 ～ 14 歳	1 769	25	123	601	218	89	27	262	424	276	1 493
15 ～ 19 歳	397	2	10	76	23	18	3	113	152	32	365
男	4 191	80	434	1 888	547	142	48	414	638	741	3 450
0　歳	91	2	6	50	21	2	－	3	7	3	88
1　歳	216	2	34	118	32	4	－	15	11	17	199
2　歳	306	4	47	163	53	8	1	8	22	41	265
3　歳	343	15	46	182	44	8	1	17	30	56	287
4　歳	371	9	51	186	44	13	4	32	32	66	305
5　歳	351	6	45	177	58	8	4	17	36	74	277
6 ～ 9 歳	1 370	28	136	647	178	44	23	113	201	303	1 067
10 ～ 14 歳	949	13	63	331	108	44	13	151	226	163	786
15 ～ 19 歳	194	1	6	34	9	11	2	58	73	18	176
女	3 852	70	358	1 680	531	171	43	342	657	557	3 295
0　歳	83	1	10	37	16	3	－	6	10	2	81
1　歳	219	4	29	120	32	4	－	7	23	21	198
2　歳	275	2	31	150	43	11	1	13	24	30	245
3　歳	338	11	42	162	60	13	4	13	33	36	302
4　歳	303	9	30	168	35	10	4	18	29	45	258
5　歳	355	8	36	178	51	12	4	18	48	74	281
6 ～ 9 歳	1 256	22	116	553	170	66	15	101	213	222	1 034
10 ～ 14 歳	820	12	60	270	110	45	14	111	198	113	707
15 ～ 19 歳	203	1	4	42	14	7	1	55	79	14	189

申立ての趣旨別子の性別及び年齢別―全家庭裁判所

子 の 引 渡 し							監 護 者 の 指 定		
総数	父母の関係		審判前の保全処分				総数	父母の関係	
	婚姻中	婚姻外	有			無		婚姻中	婚姻外
			認容	却下	その他				
699	593	106	136	54	271	238	1 535	1 406	129
26	24	2	8	-	13	5	60	59	1
36	29	7	12	3	12	9	81	75	6
81	75	6	17	12	30	22	143	140	3
80	71	9	15	11	32	22	154	148	6
79	65	14	19	7	25	28	160	152	8
76	66	10	15	7	23	31	163	152	11
206	176	30	40	8	83	75	456	418	38
104	79	25	10	5	48	41	265	222	43
11	8	3	-	1	5	5	53	40	13
370	313	57	68	28	149	125	823	755	68
10	9	1	3	-	6	1	26	25	1
18	13	5	7	1	4	6	37	32	5
44	42	2	8	6	20	10	82	80	2
44	39	5	9	6	17	12	86	81	5
40	31	9	7	3	10	20	85	80	5
41	38	3	8	5	14	14	95	91	4
103	90	13	21	3	45	34	236	219	17
63	47	16	5	3	31	24	147	124	23
7	4	3	-	1	2	4	29	23	6
329	280	49	68	26	122	113	712	651	61
16	15	1	5	-	7	4	34	34	-
18	16	2	5	2	8	3	44	43	1
37	33	4	9	6	10	12	61	60	1
36	32	4	6	5	15	10	68	67	1
39	34	5	12	4	15	8	75	72	3
35	28	7	7	2	9	17	68	61	7
103	86	17	19	5	38	41	220	199	21
41	32	9	5	2	17	17	118	98	20
4	4	-	-	-	3	1	24	17	7

第44表　　　遺産分割事件数―終局区分別―家庭裁判所別

家庭裁判所	総数	認容	却下	分割禁止	調停成立	調停をしない	調停に代わる審判	取下げ	当然終了
全国総数	12 785	964	28	10	6 320	141	3 073	2 210	39
東京高裁管内総数	4 874	322	9	1	2 516	71	959	976	20
東京	1 522	96	2	–	759	34	331	296	4
横浜	789	67	4	–	408	21	87	197	5
さいたま	586	30	2	–	350	4	90	108	2
千葉	455	39	1	–	222	3	94	96	–
水戸	244	9	–	–	113	2	71	46	3
宇都宮	205	13	–	–	98	–	58	36	–
前橋	242	17	–	–	140	–	42	40	3
静岡	415	21	–	–	228	1	79	84	2
甲府	73	7	–	–	40	2	10	14	–
長野	179	13	–	1	76	2	57	30	–
新潟	164	10	–	–	82	2	40	29	1
大阪高裁管内総数	2 149	164	–	2	1 148	34	444	355	2
大阪	927	62	–	–	493	16	202	153	1
京都	336	19	–	–	169	5	76	67	–
神戸	557	57	–	–	306	12	95	87	–
奈良	127	7	–	2	81	1	17	19	–
大津	127	12	–	–	61	–	36	18	–
和歌山	75	7	–	–	38	–	18	11	1
名古屋高裁管内総数	1 377	102	5	2	768	11	282	207	–
名古屋	704	51	4	2	403	7	127	110	–
津	166	19	1	–	88	2	35	21	–
岐阜	193	12	–	–	117	1	30	33	–
福井	77	5	–	–	33	–	28	11	–
金沢	103	8	–	–	54	–	27	14	–
富山	134	7	–	–	73	1	35	18	–
広島高裁管内総数	841	82	6	2	403	2	210	129	7
広島	314	26	3	–	154	2	67	61	1
山口	153	14	–	–	72	–	42	20	5
岡山	245	31	3	2	116	–	56	36	1
鳥取	81	5	–	–	39	–	29	8	–
松江	48	6	–	–	22	–	16	4	–
福岡高裁管内総数	1 597	152	4	2	652	12	509	265	1
福岡	592	64	1	–	236	3	196	92	–
佐賀	95	11	2	2	37	1	26	16	–
長崎	147	9	1	–	64	–	46	27	–
大分	135	11	–	–	54	6	32	32	–
熊本	184	33	–	–	73	–	54	24	–
鹿児島	165	6	–	–	83	–	50	25	1
宮崎	100	6	–	–	46	1	33	14	–
那覇	179	12	–	–	59	1	72	35	–
仙台高裁管内総数	874	67	2	1	363	5	306	124	6
仙台	239	12	–	–	107	1	82	36	1
福島	216	15	1	1	93	2	74	28	2
山形	68	2	–	–	41	–	19	6	–
盛岡	131	18	–	–	45	–	51	17	–
秋田	79	7	–	–	33	–	16	22	1
青森	141	13	1	–	44	2	64	15	2
札幌高裁管内総数	514	32	1	–	200	2	198	79	2
札幌	321	17	1	–	137	2	107	56	1
函館	45	2	–	–	12	–	25	6	–
旭川	70	8	–	–	21	–	33	8	–
釧路	78	5	–	–	30	–	33	9	1
高松高裁管内総数	559	43	1	–	270	4	165	75	1
高松	149	12	–	–	88	1	33	15	–
徳島	111	10	1	–	43	1	40	16	–
高知	83	7	–	–	36	1	30	9	–
松山	216	14	–	–	103	1	62	35	1

第 45 表　　遺産分割事件数―終局区分別審理期間及び実施期日回数別―全家庭裁判所

審　理　期　間 実　施　期　日　回　数 （　審　判　＋　調　停　）	総 数	認 容	却 下	分 割 禁 止	調 停 成 立	調 停 を し な い	調 停 に 代 わ る 審 判	取 下 げ	当 然 終 了
総　　　　　　数	12 785	964	28	10	6 320	141	3 073	2 210	39
審　理　期　間									
1　月　以　内	293	-	-	-	66	-	7	215	5
3　月　以　内	1 255	20	3	-	623	20	171	418	-
6　月　以　内	2 813	66	3	1	1 301	43	848	548	3
1　年　以　内	4 333	228	12	3	2 149	38	1 251	633	19
2　年　以　内	3 034	364	9	4	1 672	32	622	321	10
3　年　以　内	748	188	1	1	366	5	130	55	2
3　年　を　超　え　る	309	98	-	1	143	3	44	20	-
実　施　期　日　回　数									
0　　　　回	767	12	7	-	-	20	100	601	27
1　　　　回	1 489	52	4	2	589	22	524	295	1
2　　　　回	1 842	51	3	1	758	20	709	298	2
3　　　　回	1 599	72	1	2	781	22	490	231	-
4　　　　回	1 319	63	1	1	705	7	326	215	1
5　　　　回	1 090	73	2	-	643	10	222	139	1
6　〜　10　回	3 045	288	8	2	1 878	29	501	332	7
11　〜　15　回	1 011	175	2	-	624	8	133	69	-
16　〜　20　回	353	94	-	-	197	1	43	18	-
21　回　以　上	270	84	-	2	145	2	25	12	-

第46表　　遺産分割事件数—終局区分別当事者の数別—全家庭裁判所

当事者の数	総数	認容	却下	分割禁止	調停成立	調停をしない	調停に代わる審判	取下げ	当然終了
総数	12 779	964	28	10	6 319	140	3 071	2 209	38
2 人	3 256	236	6	2	1 990	32	423	560	7
3 人	3 631	282	8	4	2 083	41	540	661	12
4 人	2 055	195	5	1	1 043	25	402	380	4
5 人	1 168	94	4	1	519	9	344	193	4
6 人	665	36	5	1	255	6	236	126	-
7 人	453	33	-	-	146	8	193	71	2
8 ～ 10 人	700	39	-	1	168	9	366	109	8
10 人を超える	851	49	-	-	115	10	567	109	1

(注) 終局時の当事者数1人の事件は計上していない。

第47表　　遺産分割事件数—終局区分別代理人弁護士の関与の有無別—全家庭裁判所

代理人弁護士の関与	総数	認容	却下	分割禁止	調停成立	調停をしない	調停に代わる審判	取下げ	当然終了
総数	12 785	964	28	10	6 320	141	3 073	2 210	39
有	10 080	799	15	10	5 210	102	2 236	1 677	31
無	2 705	165	13	-	1 110	39	837	533	8

第48表　　遺産分割事件数―終局区分別調査命令の有無別
　　　　　　―全家庭裁判所

調　査　命　令	総数	認容	却下	分割禁止	調停成立	調停をしない	調停に代わる審判	取下げ	当然終了
総　　数	12 785	964	28	10	6 320	141	3 073	2 210	39
有	503	78	–	–	85	3	280	57	–
無	12 282	886	28	10	6 235	138	2 793	2 153	39

第49表　　遺産分割事件数―実施期日回数別審理期間別
　　　　　　―全家庭裁判所

審　理　期　間	総数	0回	1回	2回	3回	4回	5回	6～10回	11～15回	16～20回	21回以上
総　　数	12 785	767	1 489	1 842	1 599	1 319	1 090	3 045	1 011	353	270
1 月以内	293	224	68	1	–	–	–	–	–	–	–
3 月以内	1 255	299	710	231	15	–	–	–	–	–	–
6 月以内	2 813	128	551	1 158	754	192	28	2	–	–	–
1 年以内	4 333	85	112	407	758	1 035	902	1 026	4	4	–
2 年以内	3 034	28	37	37	63	86	153	1 933	661	35	1
3 年以内	748	3	8	8	5	6	5	75	327	243	68
3 年を超える	309	–	3	–	4	–	2	9	19	71	201

第50表　遺産分割事件のうち認容・調停成立件数―特別受益分考慮の有無別―全家庭裁判所

	総数	有	無	不詳
件　　数	7 284	622	5 560	1 102

(注)　共同相続人中に民法903条所定の特別受益者がいて，遺産の分割に当たりその特別受益分が考慮された事件を「有」に計上している。

第52表　遺産分割事件のうち認容・を除く）―遺産の内容別

遺産の価額	総数	土地	建物	現金等	動産その他	土地・建物	土地・現金等
総　　数	7 224	507	132	1 309	47	1 064	467
	(5 115)	(290)	(70)	(906)	(21)	(604)	(356)
1000万円以下	2 448	336	106	653	30	485	147
	(1 559)	(193)	(58)	(430)	(11)	(277)	(100)
5000万円以下	3 097	129	18	521	9	439	222
	(2 284)	(77)	(9)	(385)	(6)	(246)	(180)
1億円以下	780	10	1	75	2	52	51
	(608)	(8)	(1)	(50)	(1)	(34)	(37)
5億円以下	490	5	－	27	－	20	24
	(381)	(2)	－	(21)	－	(11)	(20)
5億円を超える	42	1	－	1	－	2	－
	(31)	(1)	－	(1)	－	(1)	－
算定不能・不詳	367	26	7	32	6	66	23
	(252)	(9)	(2)	(19)	(3)	(35)	(19)

(注)　（　）内は，代償金を支払う旨の定めがされた件数で，内数である。「現金等」とは，現金，預金及び有価証券等をいい，遺産を換価した場合も含む。

第51表　　遺産分割事件のうち認容・調停成立で寄与分の定めのあった事件数—寄与分の遺産の価額に占める割合別寄与者別—全家庭裁判所

寄　与　者	総　数	10%以下	20%以下	30%以下	50%以下	50%を超える	不詳
総　　　　数	135	58	18	13	10	7	29
配　偶　者	7	3	–	1	3	–	–
子	113	49	16	10	4	6	28
そ　の　他	15	6	2	2	3	1	1

(注)　1件の遺産分割事件で，寄与分の定めのあった者が複数の場合には，定められた寄与分の遺産に占める割合が大きい方を優先して集計し，それが同じ場合には配偶者を優先して集計した。

調停成立件数（「分割をしない」遺産の価額別—全家庭裁判所

土地・その他／動産・その他	建物・現金等	建物／動産・その他	現金等／動産・その他	土地・建物・現金等	土地・建物／動産・その他	土地・現金等／動産・その他	建物・現金等／動産・その他	土地・建物・現金等／動産・その他
20	195	12	114	2 331	83	71	37	835
(13)	(140)	(8)	(86)	(1 796)	(55)	(56)	(33)	(681)
8	77	6	36	444	20	11	7	82
(6)	(49)	(5)	(29)	(309)	(11)	(9)	(7)	(65)
8	85	5	53	1 159	39	34	22	354
(6)	(65)	(2)	(39)	(901)	(27)	(28)	(18)	(295)
1	17	1	11	342	16	12	7	182
–	(15)	(1)	(9)	(275)	(11)	(10)	(7)	(149)
1	5	–	8	225	3	11	1	160
	(4)	–	(4)	(182)	(2)	(8)	(1)	(126)
–	–	–	1	14	–	1	–	22
–	–	(1)	(1)	(9)	–	–	–	(18)
2	11	–	5	147	5	2	–	35
(1)	(7)	–	(4)	(120)	(4)	(1)	–	(28)

第 53 表　　遺産分割事件のうち認容・調停成立件数—審理期間別代理
人弁護士の関与の有無及び遺産の価額別—全家庭裁判所

代理人弁護士の関与 遺産の価額	総数	1月以内	3月以内	6月以内	1年以内	2年以内	3年以内	3年を超える
総　　　　数	7 284	66	643	1 367	2 377	2 036	554	241
1000 万 円 以 下	2 473	39	324	560	867	518	126	39
5000 万 円 以 下	3 103	18	240	607	1 004	937	225	72
1 億 円 以 下	785	4	44	104	241	263	82	47
5 億 円 以 下	491	1	7	36	105	188	92	62
5 億 円 を 超 え る	42	–	1	2	11	8	10	10
算 定 不 能 ・ 不 詳	390	4	27	58	149	122	19	11
有	6 009	52	394	972	1 985	1 865	515	226
1000 万 円 以 下	1 879	31	188	369	680	461	115	35
5000 万 円 以 下	2 593	13	148	447	852	858	206	69
1 億 円 以 下	705	3	34	85	215	247	78	43
5 億 円 以 下	462	1	6	28	99	180	89	59
5 億 円 を 超 え る	40	–	1	2	11	7	10	9
算 定 不 能 ・ 不 詳	330	4	17	41	128	112	17	11
無	1 275	14	249	395	392	171	39	15
1000 万 円 以 下	594	8	136	191	187	57	11	4
5000 万 円 以 下	510	5	92	160	152	79	19	3
1 億 円 以 下	80	1	10	19	26	16	4	4
5 億 円 以 下	29	–	1	8	6	8	3	3
5 億 円 を 超 え る	2	–	–	–	–	1	–	1
算 定 不 能 ・ 不 詳	60	–	10	17	21	10	2	–

第54表　遺産分割事件のうち認容・調停成立件数（「分割をしない」を除く）―分割の方法別―全家庭裁判所

分　割　の　方　法	総　数	配偶者	子	その他
総　　　　　数	7 246	1 329	6 126	1 418
土　　　　地	217	40	209	60
建　　　　物	62	25	52	23
現　　金　　等	403	231	377	112
動　産　そ　の　他	26	8	26	3
代　償　金　取　得	22	93	301	285
土　地　・　建　物	460	168	444	100
土　地　・　現　金　等	111	29	119	15
土　地　・　動　産　そ　の　他	7	–	7	–
建　物　・　現　金　等	55	46	47	9
建　物　・　動　産　そ　の　他	4	1	3	2
現　金　等　・　動　産　そ　の　他	28	42	31	5
土　地　・　建　物　・　現　金　等	535	310	456	65
土　地　・　建　物　・　動　産　その他	28	11	27	5
土　地・現　金　等・動　産　その他	15	12	16	4
建　物・現　金　等・動　産　その他	4	13	2	2
土地・建物・現金等・動産その他	154	122	118	22
そ　　　の　　　他 1)	5 115	178	3 891	706

(注)　「分割の方法」の相続人が2種類以上にわたる場合には，重複計上してある。
1)　上記の分割方法に加え，代償金を支払う旨の定めがされたものである。

第 55 表　　　　履行勧告・履行命令事件数—家庭裁判所別

家　庭　裁　判　所	履行勧告	履行命令
全　　国　　総　　数	14 117	79
東京高裁管内総数	5 659	29
東京	1 210	9
横浜	885	5
さいたま	842	4
千葉	725	4
水戸	365	1
宇都宮	283	—
前橋	233	—
静岡	440	2
甲府	111	—
長野	288	3
新潟	277	1
大阪高裁管内総数	1 654	9
大阪	614	4
京都	183	2
神戸	502	2
奈良	128	1
大津	150	—
和歌山	77	—
名古屋高裁管内総数	1 642	6
名古屋	774	4
津	235	1
岐阜	263	—
福井	49	1
金沢	181	—
富山	140	—
広島高裁管内総数	863	11
広島	371	5
山口	132	4
岡山	227	1
鳥取	59	—
松江	74	1
福岡高裁管内総数	1 695	7
福岡	499	4
佐賀	96	1
長崎	153	—
大分	170	2
熊本	245	—
鹿児島	167	—
宮崎	189	—
那覇	176	—
仙台高裁管内総数	1 364	6
仙台	414	—
福島	273	2
山形	213	3
盛岡	183	—
秋田	92	—
青森	189	1
札幌高裁管内総数	726	4
札幌	407	1
函館	55	2
旭川	99	—
釧路	165	1
高松高裁管内総数	514	7
高松	167	2
徳島	69	2
高知	106	2
松山	172	1

第56表　履行勧告事件数―終局時の履行状況別処理期間及び申出回数別―全家庭裁判所

処理期間 申出回数	総数	金銭債務・その他				人間関係調整				
		総数	全部履行	一部履行	その他・履行状況不詳	総数	目的を達した	一部目的を達した	目的を達しない	その他・履行状況不詳
総　　　数	14 117	12 003	4 498	1 765	5 740	2 114	433	229	957	495
処　理　期　間										
1　月　以　内	9 577	8 249	3 708	843	3 698	1 328	278	122	592	336
3　月　以　内	4 342	3 598	768	873	1 957	744	150	95	351	148
6　月　以　内	188	149	21	49	79	39	5	12	12	10
1　年　以　内	7	5	1	－	4	2	－	－	1	1
2　年　以　内	3	2	－	－	2	1	－	－	1	－
2 年 を 超 え る	－	－	－	－	－	－	－	－	－	－
申　出　回　数										
1　　　　回	7 257	6 007	2 085	768	3 154	1 250	280	129	563	278
2　　　　回	2 506	2 133	735	303	1 095	373	64	56	166	87
3　　　　回	1 210	1 037	375	179	483	173	27	22	81	43
4　　　　回	689	605	261	98	246	84	15	3	42	24
5　　　　回	468	417	166	85	166	51	6	7	26	12
6　回　以　上	1 987	1 804	876	332	596	183	41	12	79	51

第 57 表 　　　履行勧告事件のうち終局時の履行状況が不履行の件数
―終局時の履行状況別権利者の意向別―全家庭裁判所

終 局 時 の 権 利 者 の 意 向	総 数	金 銭 債 務 ・ そ の 他			人 間 関 係 調 整			
		総 数	一 部 履 行	そ履 の行 状 他況 不 ・詳	総 数	一を 部達 目し 的た	目達 的し なな をい	そ履 の行 状 他況 不 ・詳
総　　　　　数	9 186	7 505	1 765	5 740	1 681	229	957	495
し ば ら く 様 子 み る	4 302	3 652	1 384	2 268	650	169	320	161
再 調 停 申 立 て	483	175	35	140	308	13	244	51
強 制 執 行 申 立 て	1 517	1 485	161	1 324	32	1	24	7
人 身 保 護 請 求	2	-	-	-	2	-	1	1
履 行 命 令 申 立 て	41	41	6	35	-	-	-	-
そ の 他 ・ 不 詳	2 841	2 152	179	1 973	689	46	368	275

(注)「不履行」とは，終局時全部不履行のもの又は一部履行のものをいう。

第 58 表　履行命令事件数─終局区分別処理期間及び過去の履行勧告
　　　　　　申出回数別─全家庭裁判所

処理期間 過去の申出回数	総数	履行命令	却下	取下げ	当然終了
総　数	79	37	10	32	-
処　理　期　間					
1　月　以　内	13	3	3	7	-
3　月　以　内	40	22	3	15	-
6　月　以　内	17	10	2	5	-
1　年　以　内	8	1	2	5	-
2　年　以　内	1	1	-	-	-
2 年 を 超 え る	-	-	-	-	-
過 去 の 申 出 回 数					
0　　　回	11	5	2	4	-
1　　　回	44	19	6	19	-
2　　　回	7	3	1	3	-
3　　　回	7	5	-	2	-
4　　　回	4	1	1	2	-
5　　　回	-	-	-	-	-
6 回 以 上	6	4	-	2	-

第59表　　第一審訴訟未済事件数―審理期間別―全家庭裁判所

本表から第66表までは，平成16年3月以前に受理をした通常訴訟事件を含まない。

総数	6月以内	1年以内	2年以内	3年以内	4年以内	5年以内	5年を超える
9 860	4 286	2 643	2 310	520	77	20	4

第60表　　第一審訴訟新受事件数―事件の種類別―全家庭裁判所

総数	人とすることを目的とする訴え	損害賠償	その他の訴え
9 278	9 042	135	101

第61表　第一審訴訟既済事件数—事件の種類及び終局区分別
　　　　—全家庭裁判所

事件の種類	総数	判決総数	対席 認容	棄却	却下	欠席 認容	棄却	却下	その他	決定	命令	和解	放棄	認諾	取下げ	その他
総　　数	9 061	3 762	2 213	448	11	1 076	7	5	2	107	11	3 748	8	10	1 295	120
人事を目的とする訴え	8 829	3 684	2 174	422	11	1 067	6	4	-	101	11	3 648	7	10	1 251	117
損　害　賠　償	130	39	20	18	-	-	-	-	1	3	-	72	1	-	13	2
その他の訴え	102	39	19	8	-	9	1	1	1	3	-	28	-	-	31	1

第62表　　　　　第一審訴訟既済事件数—終局区分及び審理期間別
　　　　—全家庭裁判所

終局区分	総数	1月以内	2月以内	3月以内	6月以内	1年以内	2年以内	3年以内	4年以内	5年以内	5年を超える
総　　数	9 061	176	269	403	1 528	2 668	3 132	715	145	20	5
判　　決	3 762	3	25	148	751	956	1 418	369	74	13	5
対　席	2 672	1	6	34	185	653	1 350	352	73	13	5
欠　席	1 088	2	19	114	565	302	68	17	1	-	-
和　　解	3 748	8	62	99	460	1 326	1 428	298	61	6	-
そ　の　他	1 551	165	182	156	317	386	286	48	10	1	-

第63表　　第一審訴訟既済事件数―事件の種類及び審理期間別
　　　　　　―全家庭裁判所

事 件 の 種 類	総数	1月以内	2月以内	3月以内	6月以内	1年以内	2年以内	3年以内	4年以内	5年以内	5年を超える
総　　　　　数	9 061	176	269	403	1 528	2 668	3 132	715	145	20	5
人事を目的とする訴え	8 829	158	258	387	1 489	2 596	3 064	709	143	20	5
損　害　賠　償	130	7	1	4	20	46	45	5	2	-	-
そ の 他 の 訴 え	102	11	10	12	19	26	23	1	-	-	-

第64表　　第一審訴訟既済事件のうち，口頭弁論，争点等整理手続
　　　　　　（準備的口頭弁論，弁論準備）を経た事件数―口頭弁論，
　　　　　　争点等整理手続（準備的口頭弁論，弁論準備）の実施回
　　　　　　数別―全家庭裁判所

	総数	1回	2回	3回	4回	5回	6回	7回	8回	9回	10回	11〜15回	16回以上
口頭弁論手続を経た事件	7 970	2 916	2 125	1 239	649	347	205	140	99	79	44	104	23
争点等整理手続（準備的口頭弁論，弁論準備）を経た事件	6 059	261	365	488	488	646	561	476	485	414	332	1 019	524

第65表　第一審訴訟既済事件数―事件の種類及び弁護士選任状況別
　　　　―全家庭裁判所

事 件 の 種 類	総数	弁 護 士 を 付 け た も の				
		総数	双方	一　　方		
				総数	原告側	被告側
総　　　　　数	9 061	8 836	5 916	2 920	2 788	132
人 事 を 目 的 と す る 訴 え	8 829	8 622	5 758	2 864	2 742	122
損　害　賠　償	130	127	110	17	12	5
そ の 他 の 訴 え	102	87	48	39	34	5

第66表　第一審訴訟既済事件の証拠調べ―事件の種類別
　　　　―全家庭裁判所

事 件 の 種 類	事件総数	証　　人		当 事 者 尋 問		鑑		検
		件数（件）	延べ人員（人）	件数（件）	延べ人員（人）	定（件）	うち実施鑑定人質問	証（件）
総　　　　　数	9 061	370	533	3 623	6 618	71	1	1
人 事 を 目 的 と す る 訴 え	8 829	363	525	3 561	6 474	70	1	1
損　害　賠　償	130	5	6	51	125	1	-	-
そ の 他 の 訴 え	102	2	2	11	19	-	-	-

第67表　　人事訴訟事件既済事件数―参与員の関与があった事件及び
　　　　　調査命令があった事件数―全家庭裁判所

総数	参与員の関与があった事件	調査命令があった事件
8 827	209	666

第68表　　保全命令未済事件数―審理期間別―全家庭裁判所

総数	3月以内	6月以内	1年以内	2年以内	2年を超える
23	21	-	-	2	-

第 69 表　　仮処分既済事件数―終局区分別―全家庭裁判所

総数	決定				和解	取下げ	その他
	総数	認容	棄却・却下	移送			
70	26	22	4	－	－	44	－

第 70 表　　仮処分既済事件数―審理期間別―全家庭裁判所

総数	10日以内	20日以内	1月以内	2月以内	3月以内	6月以内	1年以内	2年以内	3年以内	3年を超える
70	26	19	11	11	3	－	－	－	－	－

司法統計年報　3 家事編　令和元年　　　　書籍番号 500213

令和2年9月25日　第1版第1刷発行

編　　集　　最 高 裁 判 所 事 務 総 局

発 行 人　　門　　田　　友　　昌

発 行 所　一般財団法人　法　　曹　　会

〒100-0013　東京都千代田区霞が関1-1-1
振替口座　00120—0—15670
電　　話　03—3581—2146
http://www.hosokai.or.jp/

落丁・乱丁はお取替えいたします。　　印刷製本／　(株)白樺写真工芸

ISBN 978-4-86684-053-6

本誌は再生紙を使用しています。